R .

EXPOSITION

DU

SYSTÈME PHILOSOPHIQUE

DE

KRAUSE.

EXPOSITION

DU

SYSTÈME PHILOSOPHIQUE

DE

KRAUSE;

PAR

Guillaume Tiberghien,

CANDIDAT EN PHILOSOPHIE ET EN DROIT,
ÉLÈVE DE L'UNIVERSITÉ DE BRUXELLES.

EXTRAIT DE « L'ESSAI THEORIQUE ET HISTORIQUE SUR LA GÉNÉRATION DES CONNAISSANCES HUMAINES ,
DANS SES RAPPORTS AVEC LA MORALE, LA POLITIQUE ET LA RELIGION; »
MÉMOIRE COURONNÉ PAR LE JURY DU CONCOURS UNIVERSITAIRE, INSTITUÉ PAR LE GOUVERNEMENT.

BRUXELLES,
IMPRIMERIE DE TH. LESIGNE,
Rue N.-D.-aux-Neiges, Jardins d'Idalie, 4

1844

PHILOSOPHIE DE KRAUSE.

INTRODUCTION HISTORIQUE.

S'il est une vérité qui résulte de tout le développement philosophique de l'humanité, c'est qu'une œuvre ne manque jamais d'ouvrier. Aussitôt que les temps sont venus pour exécuter quelque grande entreprise, que toutes les conditions extérieures sont favorablement disposées, la Providence suscite un génie qui est chargé d'accomplir les décrets de la volonté suprême. Socrate, Platon et Aristote, dans l'antiquité, saint Augustin et saint Thomas, dans le monde chrétien, Bacon, Descartes, Leibnitz, Kant, dans les temps modernes, sont les représentants de la pensée divine dans le mouvement philosophique de l'humanité sur la terre. Zoroastre, dans la Perse, Confucius, dans la Chine, et au-dessus de tous le Christ, dans l'Europe, sont les révélateurs de l'ordre absolu dans le mouvement plus intime de la religion. La religion et la philosophie, les plus hautes manifestations de la vie et de la pensée de l'humanité en Dieu, ont chacune leurs élus et leurs martyrs. Mais souvent les élus de la philosophie sont les réprouvés de la religion, et les martyrs de la religion deviennent l'objet des dédains de la philosophie. Une malheureuse scission s'est opérée entre le mouvement de la pensée et le mouvement de la vie. Les penseurs, dans leur orgueil, se sont retirés de Dieu, et les hommes de la foi, dans leur obstination, se sont retirés de la lumière. Une grande lacune reste donc à remplir, c'est de ramener la science à la source de toute vérité et de tout amour, et d'éclairer la religion d'un reflet de cette vérité divine, afin que tous, peuples et philo-

1'

sophes, soient unis dans la vérité et dans l'amour de Dieu, et que la
société humaine cesse de présenter l'affligeant spectacle d'une troupe
d'orphelins qui sont abandonnés à eux-mêmes et qui vivent dans
l'isolement et la misère, comme s'ils n'avaient point de Père au ciel,
point d'origine commune et de destination commune sur la terre. Unir
la philosophie et la religion, la pensée et la vie, dans la société humaine, faire que l'humanité, organisée plus harmoniquement dans
son intérieur, vive d'une vie plus intime avec Dieu, sans repousser
les richesses de son développement historique, et que Dieu fasse encore
descendre sur elle de plus abondantes sources de vérité et d'amour,
tel est, de l'aveu de tous, le premier et le plus grand problème de
notre époque. De nobles esprits l'ont conçu; le profond et vaste génie
de *Krause* nous paraît lui avoir donné la solution la plus complète.

La doctrine de Krause est un système d'harmonie universelle : elle
embrasse toutes les tendances qui se sont manifestées dans la vie spirituelle et sociale de l'humanité, elle les dégage de leurs erreurs
partielles et les unit, par un principe supérieur de vérité, pour l'accomplissement de la destinée humaine. Elle est le couronnement de
tout le mouvement philosophique, et conclut également à une théorie
sociale fondée sur des principes absolus et harmoniques qui tiennent
compte de tous les besoins sociaux, de toutes les directions particulières dans lesquelles l'humanité a cherché à réaliser son but social.
Elle développe dans toutes les branches de la science philosophique
et pour les diverses sphères de l'activité sociale, pour la religion,
pour le droit, pour la morale, pour l'art, pour la science et pour
l'industrie, considérés dans le fond et dans la forme, dans la théorie
et dans la pratique, des principes supérieurs et organiques qui ré-
pandent une lumière nouvelle sur la construction du système de la
philosophie, comme sur la constitution de tous les éléments vitaux
de la société. Sans partir d'un éclectisme impuissant, elle arrive,
par le développement rigoureux de ses principes, à assigner à chaque
sphère sociale la position relative qu'elle doit occuper dans l'ordre
général ; elle maintient et harmonise, dans tous les ordres des choses,
les droits de l'individualité et les droits de l'unité supérieure, qui
avaient été méconnus ou absorbés dans toutes les conceptions précédentes.

C'est ce que nous allons faire voir, en fixant d'abord la place qui
appartient à Krause dans l'histoire de la philosophie.

Toute la période philosophique antérieure est une période d'évolution successive dans laquelle l'esprit humain fait sortir de son organisme intellectuel, avec une richesse et une variété de formes presque infinies, une série continue de systèmes dont chacun saisit la vérité absolue sous l'un ou l'autre aspect et la développe dans une direction prédominante et exclusive. Tous ces systèmes sont autant de fonctions ou d'organes par lesquels la vérité une et entière arrive progressivement à une manifestation de plus en plus complète. Le développement historique de la vérité s'opère ainsi sous la loi de la variété et de l'opposition. Aussitôt qu'une doctrine a atteint l'apogée de sa puissance et de sa vitalité, et qu'elle tend, par un abus de cette puissance, à étouffer les autres organes de la vérité, à s'imposer à l'esprit humain, une autre doctrine se présente, qui est destinée à servir de contrepoids à la première, qui commence à se développer en opposition avec elle, jusqu'à ce que l'une et l'autre soient reçues dans une forme supérieure où elles s'équilibrent. Mais cette première forme synthétique, qui achève le développement d'un organe, n'est pas encore complète et définitive; à côté d'elle pousse un autre rameau de la science, qui se développe à son tour dans tous ses éléments, dans l'unité et dans la variété de ses fonctions principales, et qui atteint aussi une forme dernière et synthétique. Alors l'opposition se montre à une nouvelle puissance : elle n'existe plus seulement de système à système, mais de période à période et de civilisation à civilisation; ce n'est plus Aristote ou Platon, c'est l'Orient ou la Grèce, c'est le monde antique ou le monde moderne, qui sont aux prises et qui aspirent à la domination philosophique. Enfin, surgit une doctrine nouvelle et dernière qui unit, complète et développe en harmonie toutes les formes antérieures, tant synthétiques qu'individuelles, et qui devient la véritable conclusion de tout le développement intellectuel, le système définitif où l'humanité se comprend dans toute son existence historique, dans son passé, dans son présent et dans son avenir, et s'élève à la conscience d'elle-même. La science se développe ainsi, comme la vie, dans une série de cercles qui, en s'élargissant toujours, finissent par embrasser, à l'époque de maturité ou d'harmonie, toutes les vérités qu'il est donné à l'homme de saisir, et qui les réunissent autour d'un centre commun. Mais jusqu'à l'achèvement de cette construction organique de la science, l'esprit humain ne peut trouver de repos et de certitude; le scepticisme est toujours là qui signale les lacunes de tous les

systèmes et qui lui défend de s'arrêter à une seule face de la vérité.
Le scepticisme est une nécessité historique que l'humanité n'a point
connue à son berceau et qu'elle ne connaîtra point à l'âge de paix et de
réconciliation avec Dieu. Le scepticisme cependant n'est que la forme
négative de la philosophie ; au-dessus de lui sont les doctrines positives
qu'il s'acharne à détruire. Les deux pôles opposés du mouvement historique de la philosophie sont le rationalisme et le matérialisme, la
doctrine de l'absolu et de l'infini et la doctrine du fini et de la contingence, qui représentent le double côté de la nature humaine, le
côté spirituel et le côté physique, et sont destinées à satisfaire des
besoins également légitimes, le besoin individuel du bonheur et le
besoin social plus impérieux du dévouement et de la vertu. La forme
supérieure est toujours un rationalisme harmonique, qui cherche à
satisfaire tous les besoins et toutes les tendances de la nature humaine,
qui reconnaît, à un point de vue plus élevé, les deux conditions de
toute science et de toute harmonie, le fini et l'infini, et établit ainsi
une union plus intime entre Dieu et l'humanité.

La première forme dont se revête la philosophie est celle de la vue
immédiate ou intuitive de la raison, qui contient encore en unité toutes
les autres facultés intellectuelles. C'est cette forme qui fut développée
dans la *philosophie orientale*. Mais sous le caractère commun de l'*intuition rationnelle*, nous rencontrons déjà une variété de manifestations
de l'esprit philosophique dans l'Inde et dans la Chine ; puis, dans la
Perse, une tendance à combiner ces manifestations opposées. — A
la philosophie orientale, considérée dans son ensemble, s'oppose la
philosophie grecque, qui substitue bientôt à l'intuition de l'infini et de
l'absolu, le procédé plus lent et plus sûr de l'*observation*, de la ré-
flexion libre et de la *raison*. Dans la Grèce l'opposition, la variété,
s'élève à une nouvelle puissance et tend de nouveau vers une unité
plus haute, vers une harmonie plus complète et plus organique ; les
écoles rivales d'Ionie, d'Italie et d'Élée, se rapprochent insensiblement
et finissent par se fondre dans les systèmes analytiques et synthétiques
de Platon et d'Aristote. — La Grèce et l'Orient sont ensuite réunis
dans la *philosophie gréco-orientale* ou alexandrine, qui en combine les
développements opposés, qui identifie le *moi* et l'*absolu*, et construit,
sous une forme encore inculte, le premier harmonisme philosophique
que nous présente l'histoire. Comme signe de la supériorité de son
point de vue, la philosophie alexandrine cherche à s'élever à la con-

ception de Dieu comme Être suprême. Cette conception nouvelle devient la base du Christianisme.

Le *Christianisme*, comme religion et comme philosophie, résume tout le développement philosophique de l'antiquité, en même temps qu'il jette dans le monde moderne une semence nouvelle, semence de vérité et de vie, destinée à régénérer l'homme et à transformer toutes les institutions. Il saisit l'humanité dans la plénitude de son existence spirituelle, dans l'intelligence, dans le sentiment et dans la volonté, dans sa personnalité libre et dans ses rapports avec l'Être suprême. Par cette conception absolue, exprimée sous le symbole de l'Homme-Dieu, le Christianisme se place au-dessus du temps et de l'espace : il défie le courant des âges, il porte la civilisation à tous les peuples de la terre. Mais cette conception elle-même n'est pas encore déterminée dans toute sa rigueur philosophique. Le dogme chrétien se développe comme opposé au dogme de l'antiquité ; et dans le Christianisme se manifeste bientôt une nouvelle opposition : le sentiment et l'intelligence, la foi et la raison, la religion et la philosophie s'engagent dans deux directions différentes. Tandis que la *religion chrétienne* continue à développer, sous l'influence du sentiment et de la foi, la doctrine de Dieu comme être personnel, supérieur au monde, en perdant de vue les rapports de l'essence et de la nature divine avec l'essence et la nature de l'univers, la *philosophie moderne*, issue du Christianisme, développe de son côté, d'une manière plus spéciale, sous l'empire de l'intelligence et de la raison, la doctrine de Dieu comme substance du monde, en négligeant, à son tour, la conception opposée, la conception de Dieu comme Être suprême, libre et personnel. La première incline vers le dualisme ; la seconde, vers le panthéisme. Ces deux tendances se fondent sur des vérités partielles qui doivent s'harmoniser dans une vérité supérieure.

Mais en se séparant de la religion chrétienne, la philosophie prenait, par cela même, l'engagement de doter l'esprit humain d'un système complet qui expliquât l'origine et la nature des choses et qui entraînât la certitude. Aussi la question de la vérité et de la certitude est-elle devenue depuis lors le problème fondamental de la science. Toute la philosophie moderne, considérée dans son ensemble, caractérise à cet égard une période critique, une période d'analyse et de méthode, par opposition au dogmatisme ontologique et théologique des Pères de l'Église et des docteurs du moyen âge. Mais cette préoccupation n'est pas sans dangers. Essentiellement spéculative, la philosophie s'exposait, sous l'influence d'une méthode sévère et rigoureuse, à sacrifier le sentiment de la réalité aux besoins de la spéculation. Tout dépendait pour elle du point de départ qu'elle choisissait et de la fidélité avec laquelle elle rattachait au premier principe toutes les vérités ultérieures. Le point de départ était-il faux ou seulement incomplet, le système tout entier, vicié dans sa base, devenait nécessairement incomplet, exclusif. C'est ce qui est arrivé.

Bacon, Hobbes et Locke ont pris leur point de départ dans l'expérience; l'expérience implique la sensation; la sensation constitue dès lors le fond de l'esprit humain et la source réelle de toute connaissance : cette conception incomplète, rigoureusement développée dans ses conséquences diverses, par Condillac, par Berkeley et par Hume, n'a conduit qu'au matérialisme, à l'idéalisme sceptique et au scepticisme. — Après Bacon, Descartes prend son point de départ dans la conscience de l'esprit, sous l'autorité de l'évidence rationnelle; mais, au lieu d'exprimer toutes les vérités de la conscience, au lieu d'analyser l'esprit dans la variété de ses facultés et de ses manifestations, il ne découvre que la pensée comme son attribut unique et essentiel; il se contente d'y rattacher quelques vérités transcendantes, et se place prématurément au point de vue ontologique, au point de vue de la substance, qu'il définit d'une part, par la pensée, de l'autre, par l'étendue : cette conception incomplète, rigoureusement développée par Malebranche et par Spinoza, n'a conduit qu'à un nouvel idéalisme, au système des causes occasionnelles et au panthéisme. — Enfin, après le développement opposé de la philosophie sensualiste et de la philosophie spiritualiste, paraît le rationalisme supérieur de Leibnitz, qui cherche à réconcilier ces deux tendances rivales et qui, avec moins de méthode, mais avec plus de génie et un sentiment plus profond de la réalité, veut en même temps ramener à l'unité l'opposition de la philosophie et de la religion; mais Leibnitz ne remplit pas les lacunes de l'analyse psychologique de Descartes, il ne fait que compléter la doctrine de l'innéité des idées et reste encore au point de vue de l'ontologie; il définit la substance par l'activité, par la force, il y rattache quelques grandes conséquences philosophiques et religieuses, sans comprendre lui-même toute l'importance de sa conception nouvelle. Sa philosophie se perdait dans l'éclectisme quand parut la critique de Kant.

Kant, le premier, conçut le projet d'une analyse complète de l'esprit humain, comme préliminaire indispensable des recherches ontologiques ou transcendantes ; au point de vue de la substance, qui prédomine dans toute la période précédente, il substitua définitivement le point de vue du *moi*, de la conscience. Mais son œuvre demeura inachevée, incomplète ; il ne fit que remplir le cadre de Descartes : il n'embrassa le moi que dans l'une de ses facultés, dans la pensée ou l'intelligence, sans même épuiser son sujet ; il ne réforma ni le point de départ de la philosophie, en complétant la science du moi, ni l'instrument de l'analyse, la logique. Et ne pouvant, au moyen d'une critique aussi restreinte, trouver un point de contact certain entre le moi et le non-moi, entre la psychologie et l'ontologie, il prononça hardiment leur divorce, abandonna la métaphysique à l'autorité de la foi ou de la raison pratique, et se renferma strictement dans la phénoménologie de la conscience, dans les formes abstraites et subjectives de la pensée. A la même époque, l'école écossaise entrait, avec *Reid*, dans une voie semblable ; elle étudiait la conscience dans ses faits, sous l'inspiration de la méthode expérimentale, conformément au caractère distinctif de toute la philosophie anglaise ; et la France, de son côté, cherchait à s'assimiler, dans un éclectisme réfléchi ou raisonné, cette double tendance de la période critique moderne. Mais l'éclectisme de M. *Cousin* et la philosophie de l'école écossaise n'ont pas encore trouvé de solution, tandis que le criticisme de Kant a traversé en Allemagne toutes les phases d'une évolution régulière. D'abord, *Fichte* continue l'œuvre de Kant et systématise sa doctrine au point de vue de l'idéalisme subjectif ; il identifie le moi et le non-moi dans la conscience individuelle. Puis, *Schelling* élève cette doctrine au point de vue de l'absolu ; il construit le système organique et synthétique de la science sur la base de l'analyse et des catégories de Kant, sur le subjectif et l'objectif, l'idéel et le réel, et comme ces catégories n'étaient que les pures formes d'un élément unique, de la pensée, Schelling se trouve conduit à les identifier dans l'être absolu et à formuler le panthéisme. *Hegel*, enfin, combine les systèmes opposés de Schelling et de Fichte dans l'idéalisme absolu ; mais comme il se meut encore dans la sphère d'action de la philosophie de Kant et qu'il se fonde surtout sur les catégories de l'intériorité et de l'extériorité, formes abstraites de l'intelligence, il est logiquement amené aux résultats généraux qui signalent les systèmes de ses devanciers. Sa doctrine

cependant exprime déjà une tendance à sortir de l'immanence panthéistique et à concevoir Dieu comme l'Être en soi et pour soi, comme
la personnalité infinie et absolue; et par cette conception, la philosophie rencontre de nouveau l'esprit du Christianisme.

Il est manifeste maintenant que le vice essentiel inhérent au point
de départ de tous les systèmes que nous venons de parcourir, est de
reposer sur une base mal assurée, sur une analyse incomplète de l'esprit humain, dans son unité, dans la variété de ses facultés ou de ses
manifestations, dans son harmonie. Il leur manque un élément essentiel, le sentiment, la faculté opposée à l'intelligence; et c'est par cette
lacune que leur spéculation, fondée sur une faculté isolée, abstraite,
impuissante à saisir l'esprit dans sa variété radicale et dans son harmonie supérieure, se dégage si aisément du sentiment de la réalité et
ne peut jamais atteindre à une harmonie absolue. De là, les légitimes
protestations de *Jacobi*, l'auteur de la philosophie du sentiment et de
la croyance, contre ces systèmes exclusifs, incomplets. De là, enfin,
la nécessité d'une critique nouvelle de l'esprit humain, d'une critique
qui complète l'intelligence par le sentiment, et le sentiment par l'intelligence, qui, par cela même, accepte toutes les vérités développées dans les philosophies antérieures, en même temps qu'elle recueille
les hautes vérités philosophiques cachées sous les dogmes du Christianisme, et qui, embrassant l'esprit humain dans l'harmonie supérieure de l'intelligence et du sentiment, s'élève aussi, dans la partie
organique ou synthétique du système de la science, à l'harmonie absolue de l'Esprit et de la Nature dans le sein de l'Être suprême.

La philosophie de Krause est ainsi d'une nécessité historique évidente. Elle complète, développe et couronne tous les systèmes précédents; et par sa conception supérieure, elle est le point de départ
d'un développement nouveau, dégagé de tout caractère exclusif, de
tout esprit d'opposition.

Mais jusqu'ici il n'a été question que de la période historique du
développement intellectuel de l'humanité, période caractérisée par
l'antithèse, par l'opposition et par des essais toujours plus étendus
d'harmonie et de synthèse. Or, cette période a son passé et son avenir. Il est certain qu'avant elle, l'humanité a existé dans une union
plus intime avec un ordre supérieur de choses. A défaut de monuments
authentiques, toutes les traditions primitives se rapportent à un âge
d'or, où l'humanité vivait dans l'innocence, dans le bonheur et pour

ainsi dire dans un commerce familier avec l'auteur de son existence ;
c'est à cet *âge d'unité* et d'intuition, rappelé souvent dans la philosophie orientale, que se rapportent toutes les grandes productions et
toutes les opérations intellectuelles, telles que le langage, l'écriture,
la numération, qui sont comme le postulat de la philosophie elle-
même. Il est certain encore qu'après la période d'action réfléchie,
après l'*âge de variété et d'opposition* que nous avons parcouru dans
l'histoire, l'humanité doit exister dans un âge nouveau, où la variété
de son développement historique soit ramenée à l'unité, où l'humanité,
parvenue à la conscience d'elle-même, vive dans une union nouvelle
avec tous les ordres des choses, où par conséquent la moralité, la
paix et le bonheur refleurissent sur la terre et s'élèvent même à une
puissance supérieure en s'harmonisant avec la science, avec l'art,
avec la religion. Le développement progressif des institutions et des
peuples n'aurait aucun sens, aucun but, si l'humanité était condamnée
à une agitation indéfinie, si elle ne gravitait pas, sous les auspices de la
Providence, vers cet *âge d'harmonie* qui doit couronner ses efforts.

Or, c'est l'avénement de cet âge d'harmonie qui est signalé dans
toutes les tendances philosophiques et sociales de l'époque.

Il s'opère, de nos jours, une révolution complète dans les idées et
dans les choses ; toutes les institutions sociales, si profondément remuées
par la révolution française, marchent dans une voie de transformation. Les sociétés, comme les écoles philosophiques, tendent à sortir
de la crise qui les a frappées et s'engagent insensiblement dans une
période organique d'harmonie supérieure. Elles commencent à comprendre les vices et les dangers du principe exclusif et individualiste
sur lequel elles reposent ; les idées d'association et d'organisation
prennent une extension plus grande et plus salutaire, dans toutes les
sphères de l'activité sociale. Les nombreuses *écoles sociales* qui se sont
formées n'ont pas d'autre but ; toutes s'accordent à substituer au principe individuel le principe de l'unité et de l'harmonie, sous la forme
de la solidarité, de la communauté et de l'association, bien qu'elles
ne se soient pas encore élevées à cette harmonie supérieure qui soutient et conserve les droits de l'individualité dans l'unité sociale. Ces
écoles expriment donc un besoin réel, en harmonie avec les tendances
de la société. Il y a plus ; elles annoncent une nouvelle période dans
la vie des peuples. C'est par elles que la société se comprend dans son
état actuel, dans son passé, dans son avenir, et qu'elle cherche à rem-

plir sa mission d'une manière pacifique et régulière; c'est par elles, en un mot, que la société arrive graduellement à la *conscience* d'elle-même.

Mais c'est surtout dans la sphère de la philosophie que cette rénovation est sensible. Les idées perdent de jour en jour leur caractère d'opposition et d'hostilité pour revêtir une forme plus large et plus harmonique; les esprits se calment; ils rejettent, avec une pleine conscience de leurs actes, toute conception exclusive, ils recherchent avidement une doctrine complète qui puisse obtenir l'assentiment de tous et ranimer les convictions. Tous les hommes éclairés comprennent aujourd'hui, d'une manière plus ou moins distincte, ce qu'une philosophie doit être pour être vraie et complète. Il semble qu'on respire une atmosphère intellectuelle plus pure, et que l'horizon des esprits s'élargisse déjà en raison même de l'élargissement du point de vue de la philosophie nouvelle. Plus que la société, la philosophie moderne a acquis la conscience d'elle-même : elle sait d'où elle vient, ce qu'elle est, où elle va; elle connaît sa valeur, son influence, sa mission; elle se pénètre d'un profond sentiment de la réalité. A aucune autre époque de l'histoire on n'a scruté avec autant de pénétration les mystérieuses profondeurs de la conscience humaine; à aucune autre époque on n'a résolu d'une manière aussi élevée les problèmes de la destination de l'homme et de la société, ni étudié avec autant de succès la philosophie de l'histoire. La *philosophie de l'histoire* est, avec l'économie sociale, la science caractéristique des temps modernes. C'est par elle que la philosophie se saisit dans la plénitude de son existence et de son développement, et qu'elle acquiert la conscience d'elle-même.

Ainsi la philosophie, d'une part, et de l'autre, la société, se sont simultanément élevées à la conscience de leur existence passée, présente et future, dans la philosophie de l'histoire et dans le socialisme. Le socialisme et la philosophie de l'histoire sont deux faits contemporains, deux sciences qui se répondent et se complètent. Or la société, envisagée dans son universalité et dans ses membres individuels, n'est autre chose que le corps et la substance de l'humanité, dont la philosophie est l'intelligence. C'est donc l'*humanité* elle-même qui, par la philosophie et la société, arrive, dans notre époque, à cette période de la vie où s'éveille la conscience rationnelle.

Cette période, c'est l'âge d'harmonie. La conscience n'apparaît dis-

tinctement dans l'homme qu'après le développement opposé de toutes
les facultés de sa nature, c'est-à-dire, au moment où la variété de ses
manifestations poursuit une direction simultanée et parallèle vers une
nouvelle unité. La conscience est l'expression de ce retour ou de cette
progression de la variété vers une unité plus haute, vers l'harmonie. —
Nous avons donc le droit de dire que la doctrine de Krause, qui s'est
élevée à cette unité supérieure et harmonique, signale, dans l'ordre
providentiel des choses, l'avénement du troisième âge de l'humanité.

C'est à ce point de vue que nous allons présenter une exposition
sommaire du système philosophique de Krause, en commençant par la
théorie des connaissances.

I. THÉORIE DES CONNAISSANCES.

1. RÉFLEXIONS PRÉLIMINAIRES.

Le *système de la science* comprend tout ce qui est susceptible
d'être connu ; toutes les sciences particulières sont des parties internes
et subordonnées du système de la science, auquel elles sont liées
comme les membres sont enchaînés au corps. La science est donc un
tout formé de plusieurs parties, c'est-à-dire, un *organisme*. Le caractère systématique ou organique de la science constitue sa *forme;* le
savoir constitue son contenu, son *fond*. Le savoir est une propriété
essentielle et primitive de l'esprit humain qui est impliquée déjà dans
la détermination du savoir : il faut connaître pour déterminer la
connaissance. La science se fonde ainsi, conformément à son caractère organique, sur une connaissance originaire dont la détermination
même est son but.

Le savoir n'a de valeur que par la *vérité :* les conceptions qui,
dans la conscience, sont accompagnées de vérité, méritent seules le
titre de savoir. La vérité est l'accord de la conception avec la chose
conçue, de la pensée avec son objet. La science suppose donc que
l'esprit humain puisse acquérir la certitude que la connaissance s'accorde avec son objet, c'est-à-dire, qu'elle a une valeur objective.
Mais cette question elle-même appartient au système de la science ;
et nous devons établir d'abord les *conditions* sous lesquelles la science
est possible, comme système ou comme organisme.

On sait que la distinction du sujet et de l'objet de la connaissance

ou la légitimité d'une conclusion du moi au-non-moi a été posée par
Kant comme le problème fondamental de la philosophie, et qu'après
lui Fichte et Schelling, ayant reconnu que l'esprit humain ne pouvait
résoudre le problème qu'en s'élevant au-dessus de l'opposition du
sujet et de l'objet, ont érigé cette connaissance ou cette unité supérieure en principe de la philosophie. L'idée du système de la science
exige, en effet, comme une condition nécessaire, une *unité* de connaissance; il faut que la science soit *une*, pour présenter un caractère
systématique; et puisque le sujet est distinct de l'objet, l'idée du système de la science présuppose encore que cette unité de connaissance
ou de vérité existe à la fois dans le moi connaissant et dans l'objet
connu. Ainsi, si la science est possible, il doit exister d'abord une
unité *subjective* dans laquelle toute connaissance se résume en une
seule pensée organique, comme expression de l'unité de l'esprit; et en
second lieu, il doit exister une unité *objective* de la science; il faut,
en d'autres termes, que la connaissance, considérée en elle-même,
dans sa vérité, soit *une* pour tous les esprits, pour tous les temps,
pour toutes les circonstances et pour tous les rapports; car l'unité
de la connaissance implique l'unité de son objet, sans laquelle la
connaissance serait vaine et illusoire.

L'unité de la science, comme organisme de la connaissance, est
exprimée dans l'idée de son *principe*, qui est conçu comme la connaissance une et absolue, comme le fondement ou la raison (*Grund*) sur
laquelle reposent toutes les connaissances particulières, et qui seule
peut les établir et les démontrer. L'unité de la science suppose l'unité
de son principe, sans laquelle elle ne serait qu'une fausse unité. L'unité
d'objet de la science est donc aussi l'unité de principe objectif ou réel,
c'est-à-dire, l'unité d'être. Et comme la connaissance est elle-même
quelque chose d'essentiel ou de réel, elle relève aussi, sous ce rapport,
du principe objectif de toute essence et de toute réalité; elle est fondée
dans l'unité objective, dans l'unité de principe réel, et par conséquent le principe objectif ou réel doit aussi être conçu comme le
principe de la connaissance. Si la science est possible, il doit donc
être possible de reconnaître son objet à la fois comme le principe objectif et comme le principe de toute connaissance, c'est-à-dire, comme
le principe un, infini, absolu, de tout ce qui est.

Mais l'idée du système organique de la science ne suppose pas seulement une unité de principe, elle présuppose encore une *variété* de

parties subordonnées à l'unité supérieure et qui, embrassant toutes les sciences particulières, parcourent le royaume entier de la connaissance et de la vérité. En effet, la science, une et absolue dans son principe, renferme, comme système et comme organisme, une variété d'organes de la vérité qui sont liés entre eux et liés au système entier. Et si la science est vraie et répond à son objet, la variété de ses fonctions suppose également une variété dans l'unité de son principe objectif et absolu; elle suppose que le principe absolu est et contient en soi un organisme de manifestations diverses. Et puisque le principe de toute réalité et de toute existence est aussi le principe de la science, en tant que la science est quelque chose d'essentiel et de réel, l'ordre, la liaison et l'enchaînement de toutes les parties de la science doivent aussi être fondés dans le principe absolu, c'est-à-dire, être déterminés dans et par le principe. Le principe est ainsi la raison et la cause de toute variété, soit dans le sujet, soit dans l'objet, car nous appelons *raison* ce en quoi et par quoi quelque chose est déterminé. C'est ainsi que nous disons que nous sommes la raison de nos actes, quels qu'ils soient, parce que nous savons que nos actes sont effectués en nous et par nous. Maintenant, ce rapport de la variété des choses à sa raison ou à son principe se montre, pour la connaissance, dans la *démonstration*. Quelque chose de particulier est démontré lorsqu'on reconnaît que son essence doit être dans un tout supérieur ce qu'elle est en réalité et qu'ainsi son essence est déterminée et fondée dans l'essence de ce tout supérieur. Le géomètre, par exemple, démontre toute la variété de ses conceptions par le principe supérieur de l'espace. La seconde condition du système de la science peut donc aussi être exprimée sous cette forme : la science doit être démonstrative, elle doit démontrer tout ce qui est fini dans la lumière du principe absolu. Mais le principe lui-même ne peut être démontré, puisqu'il est conçu comme le principe un, infini, absolu, qui par conséquent n'est contenu dans aucun autre, comme dans sa raison. Si le principe peut être reconnu, il doit donc être reconnu en même temps comme n'étant susceptible d'aucune démonstration et comme n'en ayant pas besoin.

Il suit de là que le principe de la philosophie ne peut être conçu sous les formes particulières d'une idée, d'un jugement ou d'une conclusion. L'*idée* est, en effet, la pensée de ce qui est général, éternel, immuable, par opposition à ce qui est individuel, temporel et sensible. Si le principe pouvait s'exprimer sous la forme d'une idée, il ne

serait pas le principe de tout ce qui est, car il exclurait tout ce
qui est particulier, tout ce qui est soumis à la loi du temps, tout ce
qui est beau et bien dans le cours d'une existence finie. Le *jugement*,
d'un autre côté, exprime le rapport de deux conceptions différentes :
quand je dis, par exemple : Moi est moi, je me rapporte moi-même,
comme être connaissant, à moi-même, comme objet de la connaissance ; quand je dis : Dieu est, j'établis un rapport entre la pensée
de l'existence et la pensée de Dieu. Le jugement est donc la connaissance d'un rapport, et par conséquent tout jugement présuppose la
connaissance des deux termes du rapport, des deux membres de la
proposition. Mais le principe n'est pas un rapport et ne présuppose
aucune autre chose : c'est la pensée pure de l'*Être*, qui est elle-même
la condition de toute existence et de tout rapport. Le principe absolu
n'est pas non plus la *conclusion* d'une série de pensées, parce que la
conclusion d'un syllogisme, étant fondée elle-même sur un ou plusieurs
jugements plus élevés, implique déjà l'existence d'un principe dernier
et suprême qui est le principe absolu.

Telles sont les deux conditions fondamentales que doit remplir le
système de la science : il faut qu'il soit un dans son objet, dans son
principe, et que son *unité* se reflète dans le sujet, dans la pensée ; il faut
que le principe un et absolu soit en lui-même la raison d'une *variété*
de manifestations dans l'organisme universel des choses, et que cette
variété se reproduise également dans la connaissance, où tout doit
être lié, enchaîné, de manière que chaque partie particulière reçoive la
démonstration du principe absolu qui est lui-même indémontrable.

Recherchons maintenant les *divisions* du système de la science. —
Si nous considérons l'idée de la science, nous trouvons d'abord qu'elle
doit être *notre* science, *notre* connaissance. Mais comme la science
n'est possible que par son principe et que, d'une autre part, la connaissance certaine du principe ne repose pas dans la conscience ordinaire, dans la conscience de tous, c'est une nécessité pour nous, esprits
finis, de prendre notre point de départ dans la conscience commune
pour nous élever successivement à la connaissance certaine du principe. Ce premier travail scientifique constitue ainsi, pour chaque intelligence finie qui ne possède pas encore la connaissance du principe, la
première partie de son activité scientifique, et le résultat de ses efforts
spontanés est la première partie de sa science. Chaque esprit individuel se fonde sur ce qui est certain pour lui dans sa conscience propre,

car la connaissance du principe doit devenir sa connaissance, il doit acquérir la conscience du principe dans sa conscience propre. L'esprit fini doit donc chercher d'abord à se connaître lui-même dans tout son intérieur, dans toutes ses forces et dans toutes ses manifestations, puis il doit se répandre au dehors, poursuivre la reconnaissance de tout ce qui est fini hors de lui et à côté de lui, rechercher comment il accueille dans sa conscience les objets du dehors et les autres esprits individuels, et s'élever graduellement de la pensée du fini à la pensée rationnelle et éternelle de la Nature infinie, de l'Esprit infini et enfin de l'Être infini et absolu, qui est le principe. Maintenant, puisque cette première partie de la recherche scientifique commence par l'esprit fini, elle peut être appelée *la partie subjective du système de la science*, ou bien la *partie analytique*, parce que l'esprit humain s'élève par la considération de la variété des choses finies à la conception de l'unité infinie et absolue qui les renferme.

Aussitôt que l'esprit est parvenu à reconnaître le principe, il recevra dans la pensée du principe tout ce qu'il pense et tout ce qu'il connaît, il s'efforcera de découvrir tout ce que le principe est et contient en soi, il trouvera que le principe est la raison du monde, de la Nature, de l'Esprit, de l'humanité, de lui-même, et que tout ce qu'il connaît, il le connaît dans le principe et par le principe. Il trouvera en même temps, dans le principe, la liaison, l'enchaînement et l'ordre synthétique de toutes les parties de la science. Le problème de la seconde partie de la recherche scientifique doit donc être de développer toutes les connaissances particulières dans la connaissance fondamentale du principe et de construire ainsi l'organisme absolu de l'Être. Cette seconde partie de la recherche scientifique peut être appelée *la partie objective* ou *synthétique du système de la science*.

Ces deux parties de la science sont également certaines et nécessaires. Quand le principe a été reconnu, le contenu de la partie analytique ne doit pas être rejeté, condamné, contredit, mais reconnu de nouveau dans la lumière du principe; il doit rester subsister comme les racines de l'arbre de la science, et devenir une partie subordonnée dans le système entier de la science synthétique. Car la distinction que nous avons établie entre les deux parties de la science est purement subjective : en soi, tout ce que nous reconnaissons analytiquement est contenu dans la science une et fondamentale; mais c'est une condition de la nature finie des esprits, qu'après avoir oublié le principe, ils soient obligés de recommencer par eux-mêmes et en eux-mêmes tout le travail de la science.

Considérée dans son *objet*, la science se divise en science de l'humanité, de la Nature, de l'Esprit, de Dieu. En concevant l'idée de l'*humanité*, je ne pense d'abord qu'à l'humanité de la terre qui me comprend moi-même, en tant que je suis esprit, corps et homme. Mais en m'arrêtant davantage à cette idée, je pense qu'il pourrait bien exister une humanité infinie dans les espaces infinis de la Nature. A cette idée de l'humanité viennent s'ajouter ensuite, d'une part, l'idée de la *Nature* ou d'un monde corporel qui embrasse tous les corps et qui n'est pas borné à la terre, mais est infini, dans le temps, dans l'espace et dans la force, et d'une autre part, l'idée de l'*Esprit* ou d'un monde spirituel qui contient en soi tous les esprits individuels peut-être en nombre infini. Ces trois objets de la science, l'humanité, l'Esprit, la Nature constituent le *monde*, l'univers. Mais ces pensées ne nous satisfont pas encore : nous opposons l'Esprit à la Nature, et par conséquent nous pouvons encore demander la raison de leur existence, et cette raison est *Dieu*. La pensée de Dieu est la pensée de l'objet le plus élevé que nous puissions concevoir. Nous la distinguons parfaitement de la pensée du monde, parce que nous concevons que Dieu est la raison et la cause du monde et que nous reconnaissons ainsi Dieu comme Être suprême existant au dessus de la Nature, de l'Esprit et de l'humanité. — Considérée dans son objet, la science se présente ainsi dans la conscience commune comme un tout formé de quatre parties : la pensée de l'unité absolue, c'est la pensée de Dieu, comme raison et cause absolue ; puis, dans cette unité sont contenues la pensée de la Nature, de l'Esprit, de l'humanité et au-dessus d'elle la pensée de Dieu comme Être suprême. A toutes les époques du développement philosophique, la science a reconnu la théologie et la cosmologie, la physiologie ou philosophie de la Nature, la psychologie ou philosophie de l'esprit et l'anthropologie ou philosophie de l'homme et de l'humanité.

Examinons maintenant les rapports qui existent entre notre système philosophique et les systèmes antérieurs.

D'abord, toute la partie analytique est propre à notre doctrine. Car, ce qu'on a traité jusqu'aujourd'hui comme préparation analytique et psychologique de la philosophie, n'est pas de la science, à proprement parler, parce qu'il y manque la certitude. D'ailleurs au-

cun de ces travaux préparatoires n'est complet et ne conduit méthodiquement l'esprit à la reconnaissance du premier principe.

Est encore propre à notre système cette partie supérieure de la
science synthétique qui établit dans le principe, c'est-à-dire, dans
l'essence de Dieu, les principes de toutes les sciences subordonnées,
les principes de la morale, du droit, de la religion, de l'esthétique.

Il manque, en troisième lieu, à tous les systèmes antérieurs la
science organique de l'humanité. Or, cette science présuppose la connaissance de la Nature, de l'Esprit, de Dieu, et est ainsi la partie la
plus intime dans tout l'organisme de la science.

Notre système comprend aussi la philosophie des mathématiques
pures. Les mathématiques sont considérées dans le système de la
science comme une partie essentielle de la métaphysique.

Nous devons encore nous expliquer sur les dénominations qu'il convient de donner à notre doctrine. — Dans sa forme, elle est le *système* ou l'*organisme de la science* ; dans son contenu, elle est la *science
de l'Être*, la *science de Dieu* (théologie ou theognosis). Toutes les
autres dénominations usitées sont incomplètes. Ainsi, notre doctrine
est, à certains égards, un idéalisme, c'est-à-dire, la science de l'idée ;
il faut alors la distinguer de l'idéalisme de Berkeley et de Fichte et
l'appeler, si l'on veut, un *idéalisme absolu*, c'est-à-dire, la science de
l'idée absolue. Mais le titre de *réalisme* lui convient également, car
l'idée absolue est l'Être absolu (Wesen), l'Être de toute réalité (τὸ ὄντως ὄν),
dans le sens de la philosophie de Platon et d'Aristote. De plus, si
l'on considère la propriété que possède la vraie science de reconnaître tous les objets de la pensée en une harmonie, comme un tout
synthétique, la science peut encore être appelée *harmonisme* ou *syn-
thétisme absolu*, ou bien, si l'on considère sa source intellectuelle,
rationalisme harmonique.

Commençons maintenant l'exposition de la partie analytique ou
subjective du système de la science qui doit nous conduire méthodiquement à la connaissance certaine du principe.

2. PARTIE ANALYTIQUE.

En nous engageant dans les recherches philosophiques, il est nécessaire de fixer le *point de départ* de la science. Le point de départ
de la science doit consister en une vérité tellement *certaine* que le

sceptique lui-même doive la reconnaître comme la condition de son
doute. Il doit de plus entraîner une certitude *immédiate*, qui n'exige
plus de raison ultérieure. Il faut enfin qu'il se trouve dans chaque
esprit, dans chaque conscience, qu'il soit accepté par *tous* les hommes
antérieurement à toute culture intellectuelle. La certitude, la certitude immédiate, la certitude universelle, telles sont les trois conditions
qui doivent se trouver réunies dans le point de départ de la science.
Mais il n'en demande aucune autre ; peu importe qu'il soit fini ou
infini, peu importe qu'il présuppose ou qu'il ne présuppose pas un
principe plus élevé, un principe absolu d'où il dépende : il suffit qu'il
soit immédiatement certain pour tous.

Maintenant existe-t-il une pareille vérité pour l'esprit humain ? La
conscience ordinaire répondra qu'elle existe et qu'elle existe même
sous une triple forme ; chacun dira qu'il est immédiatement certain
de lui-même, de son moi, qu'il est immédiatement certain de l'existence d'autres êtres semblables à lui, qu'il est immédiatement certain
de l'existence d'objets extérieurs et sensibles. Mais cette affirmation
est-elle fondée, cette connaissance est-elle immédiatement certaine
pour tous ? C'est ce que nous avons à rechercher.

D'abord, il est manifeste que la connaissance que nous avons de
l'existence d'objets extérieurs et sensibles n'est pas une connaissance
immédiate, puisqu'elle est conditionnée par nos sens. Tout ce que
nous savons du monde extérieur se rapporte à des perceptions sensibles ; sans les organes de nos sens, le monde extérieur n'existerait pas
pour nous. Il y a plus, nous ne percevons pas les choses mêmes, mais
leurs représentations dans nos organes sensibles, et pour percevoir
ces représentations, nous devons encore recourir à des facultés supérieures, à l'imagination, à la réflexion et à la raison. La connaissance
d'objets extérieurs et sensibles n'est donc pas une connaissance immédiate qui puisse devenir le point de départ de la science. Il en est
absolument de même de la connaissance d'*êtres raisonnables* semblables à nous. Nous ne pouvons les connaître que par l'intermédiaire
de nos sens, par la vue, l'ouïe ou le toucher, et particulièrement
par le langage, qui nous révèle leur individualité. Mais le langage
encore implique les sens : nous percevons les mots comme sons par
l'oreille, comme signes par la vue. La connaissance d'êtres raisonnables est donc doublement médiate : d'une part, nous ne pouvons
les percevoir comme corps, que par l'intermédiaire de nos sens, et

d'une autre part, nous ne pouvons les connaître comme esprits, que par l'intermédiaire de leur corps, au moyen du langage, et par l'intermédiaire de nos sens qui seuls nous rendent leur langage sensible. Nous n'avons donc point jusqu'à présent une affirmation immédiate. Nous n'avons pas même une affirmation certaine. Le monde extérieur existe-t-il réellement au dehors de nous? Ne se peut-il pas qu'il soit une création interne du moi pensant, un rêve de l'esprit? Il est vrai que nous distinguons parfaitement ce qui nous arrive dans la veille de ce qui nous arrive dans le sommeil; mais peut-être cette distinction est-elle encore un rêve. Ne voyons-nous pas dans le sommeil tout ce que nous voyons dans la veille, et n'accordons-nous pas aux objets de nos rêves une existence extérieure, comme nous le faisons alors que nous sommes éveillés? Ne rêvons-nous pas que nous nous éveillons, que nous nous rendormons, et ne serait-ce pas sous l'influence d'un rêve semblable que nous nous croyons éveillés en ce moment?...

De tout cela il résulte évidemment que la connaissance du monde extérieur et d'esprits semblables à nous n'est point immédiate, et qu'on peut légitimement douter de leur existence aussi longtemps qu'on n'a point rencontré le fondement de la certitude. Que ce doute puisse jeter de profondes racines dans les esprits, c'est ce que démontrent assez les systèmes d'idéalisme subjectif.

Mais pouvons-nous douter de la même manière de *notre propre existence*? Cela est impossible. D'abord, la connaissance que nous avons de nous-mêmes est immédiate : pour connaître le moi, nous n'avons pas besoin de l'intermédiaire des sens. En second lieu, cette connaissance est indubitable, certaine; elle est indépendante de toute distinction entre la veille et le sommeil : si je rêve, il n'en est pas moins certain que c'est moi qui rêve. Enfin, la connaissance du moi est la condition première de la connaissance des objets extérieurs. En effet, puisque les représentations des sens doivent être remarquées et reconnues par moi, comme esprit, je m'apporte moi-même comme une condition de la connaissance sensible; si je ne pensais pas, je ne percevrais rien par les sens. — Ainsi, des trois vérités immédiates admises par la conscience ordinaire, une seule possède cette propriété, c'est la connaissance propre du moi.

La *connaissance du moi* constitue donc le véritable point de départ de la science; et par conséquent le problème fondamental de la partie analytique de la science humaine consiste à exprimer tout ce qui est contenu dans l'idée du moi, à parfaire l'intuition du moi (*die Anschauung des Ich*) (1). Chacun doit trouver en lui-même l'idée fondamentale (*Grundschauung*): *moi*; car elle ne peut lui venir de l'extérieur; et cette idée fondamentale est alors *pour chacun* le point de départ de la science.

L'idée du moi est, au premier abord, si simple et si claire, qu'il semble qu'on ne doive pas s'y arrêter davantage. Il est cependant nécessaire de s'y arrêter, afin de la saisir dans tout ce qu'elle contient et d'écarter ce qu'elle ne contient pas. Or nous nous saisissons dans la conscience comme un *être entier* (*ein ganzes Wesen*), sans songer encore que nous sommes un être à diverses manifestations, sans avoir égard à telle ou telle relation déterminée, à telle ou telle propriété particulière. Ainsi, dans l'intuition totale du moi, nous ne pensons pas à l'opposition de l'intériorité et de l'extériorité; il n'est pas nécessaire que nous affirmions l'existence d'un monde extérieur pour avoir conscience de nous-mêmes, comme le prétendait Fichte. Il n'est pas possible non plus d'énoncer le contenu de l'intuition propre sous la forme d'une proposition, par exemple : *Je suis esprit, je suis corps, je suis homme*; car toute proposition exprime un rapport entre plusieurs idées, et nous n'avons pas besoin de penser à toutes ces choses pour nous comprendre nous-mêmes dans la conscience. De même, la pensée : *moi* ne peut pas se traduire par la pensée : *je suis* (*existo*), où *je pense*, ou *je suis actif*, comme le voulaient Descartes et Leibnitz; car, encore une fois, nous pouvons avoir conscience de nous-mêmes, sans songer à aucune des propriétés du moi. Sans doute, en m'interrogeant, je m'accorde aussi l'existence et l'activité; mais, par cela même que je me les accorde, je pose le moi avant ses attributs et je ne puis restreindre l'idée du moi à l'idée de ses attributs. Toutes ces déterminations particulières sont en moi, mais elles présupposent toujours le moi, et nous ne devons pas encore les connaître pour avoir conscience de nous-mêmes, comme un être entier ou total.

La certitude qu'entraîne l'intuition fondamentale du moi est donc

(1) Le mot *idée*, pris dans son acception étymologique, exprime exactement cette *vue* du moi désigné par le mot *Schauung*. L'expression *Anschauung* peut se traduire, de la même manière par le mot *intuition*, si l'on fait abstraction du sens que l'on donne ordinairement à ce terme pour ne considérer que son étymologie.

une certitude immédiate; elle n'exige aucune condition antérieure ou supérieure, elle est absolue. Le sceptique lui-même l'affirme dans son doute et jusque dans le doute de son doute. Elle est enfin élevée au-dessus de l'opposition du sujet et de l'objet, elle est *une* et doit conduire à l'unité de la science. En effet, dans l'idée du moi, je ne me distingue pas encore comme sujet et comme objet; et, si je fais cette distinction, je sais encore qu'à chacun de ces deux points de vue, je suis identique à moi-même, je sais que *je me* connais. Le moi se connaissant lui-même se sait donc au-dessus de l'opposition du sujet et de l'objet, il n'est proprement ni sujet ni objet, il est le moi entier, le moi un, le moi sujet-objet (1).

Telle est l'idée du moi, envisagé dans son unité et dans sa totalité indivise, comme point de départ de la philosophie. —On voit immédiatement les rapports et la différence qui existent entre le point de départ de Krause et le point de départ des philosophes antérieurs. Krause procède à la manière de Descartes, mais il scrute plus profondément le principe sur lequel il se fonde; il considère le moi, en tant que moi, avant de le considérer sous la raison de l'existence ou de l'activité, avant de se placer au point de vue ontologique. Il accepte donc le progrès opéré par Kant dans la détermination du moi; mais, tandis que Fichte, après Kant, pose de nouveau le non-moi comme une condition de l'intuition du moi, Krause pose le moi comme condition de la connaissance du non-moi, comme une vérité qui, sans être le principe de la science, n'exige cependant aucune condition ultérieure pour être comprise. Il élève ainsi le moi, dans son unité totale, au-dessus de toute opposition du sujet et de l'objet, de l'intériorité et de l'extériorité; mais le moi, ainsi déterminé, n'est pas un être abstrait et logique comme l'idée absolue que Hegel place à la tête de son système; s'il ne se manifeste encore, dans sa totalité indivise, sous aucune qualité particulière, il contient du moins toutes les qualités et tous les attributs qui appartiennent à sa nature; il est l'être réel, l'être d'unité qui enveloppe une variété de manifestations.

Avant d'analyser le moi dans ses manifestations, dans ses facultés fondamentales, nous avons à considérer, continue Krause, ce qu'il est par rapport à lui-même (*an sich*), ce qu'il est dans sa nature pro-

_____

(1) *Vorlesungen über das System der Philosophie*, p. 30-49. — *Voyez* aussi *Vorlesungen über die Grundwahrheiten der Wissenschaft*, IV.

pre, dans son essence. Or le moi est un *être*, un être *un*; il est *soi*, il est *entier* (*ein selbes ganzes Wesen*). Le moi est d'abord un *être*. L'être ne se laisse pas définir, car pour trouver sa définition, il faudrait déjà recourir à quelque chose d'existant, et *quelque chose* est un autre terme qui désigne l'être. Mais on peut l'expliquer, en le distinguant de l'essence. L'être exprime la substantialité; l'essence désigne ce que l'être est. Quand nous disons que le moi est un être, nous disons donc qu'il est quelque chose qui subsiste en soi, qu'il n'est pas l'essence ou la propriété d'un autre être, mais qu'il est un être lui-même, qu'il est un *individu*. Maintenant, quelle est l'*essence* du moi, en tant qu'être? C'est d'être *un*, d'être *soi*, d'être *entier*. Ces différents termes qui expriment l'essence du moi ne peuvent encore être définis, mais seulement expliqués. L'*unité* de l'être n'est pas la réunion de plusieurs parties, car chaque partie présuppose elle-même l'unité; elle n'est pas non plus une unité purement numérique, mais une *unité d'essence*. La spontanéité ou plutôt la *séité* du moi est ce par quoi l'être est le même être, par quoi il est *lui-même* tout ce qu'il est. Un être qui est spontané est considéré en *soi*, *comme tel*, et non pas dans les rapports qu'il peut soutenir avec quelque autre chose. On pourrait désigner la même idée par le mot de substantialité (*Selbstständigkeit*), si l'on faisait abstraction du temps dans lequel l'être subsiste. A côté de la séité, se trouve dans l'être la *totalité* ou l'*entièreté*. L'être n'est pas seulement lui-même ce qu'il est, il est encore, d'une manière indivisible, tout ce qu'il est (1).

Considérons maintenant ce que le moi contient *en lui-même* (*in sich*), ce qu'il est dans son *intérieur*. Si l'on demande en quoi consiste le moi, chacun, en s'interrogeant dans sa conscience, répondra : *Je suis esprit et corps, comme homme*. Il nous est impossible, dans notre état actuel, de faire abstraction de l'une ou l'autre de ces deux faces de notre existence, il nous est impossible, en nous comprenant comme homme, de nous concevoir simplement comme un esprit pur ou simplement comme un corps. Le moi est donc à la fois esprit et corps, comme le témoigne aussi la conscience ordinaire. Cependant le corps appartient plus particulièrement à la nature extérieure; sa naissance, son développement, sa mort, sont déterminés par les lois de la Nature; il semble que la Nature ne m'ait confié le corps qu'en partie : je ne

(1) *System der Philosophie*, p. 49-57.

puis m'en servir que dans la mesure des forces qu'elle lui a communiquées ; je ne puis mouvoir librement qu'une partie de ses membres ; et si je veux le détruire, je dois encore recourir à ses propres forces. Il en est tout autrement de l'esprit. J'exerce sur lui une action immédiate et complétement libre ; il m'appartient tout entier. — Ceci nous conduit à la *distinction psychologique de l'esprit et du corps*, en tant que le corps relève de la Nature. Ce n'est pas la corporalité, l'étendue ou la matérialité qui constitue le caractère distinctif de la Nature ; car chacun de nous porte en lui-même, dans son imagination, un monde étendu et corporel semblable au monde extérieur. Mais nous créons librement ce monde de l'imagination, tandis que la conscience nous assure que nous ne pouvons en aucune manière créer le monde qui subsiste au dehors de nous ; et si nous considérons la manière dont les choses se présentent en nous et au dehors de nous, nous trouvons que dans la nature extérieure elles nous apparaissent dans un *enchaînement* nécessaire, dans une *continuité* de toutes les parties, tandis que les créations de l'imagination sont plus isolées, plus libres, plus particulières : l'artiste crée à son gré les formes pures ; il les unit ou les sépare avec une liberté complète ; la Nature crée *à la fois* son règne végétal, son règne animal, ses terres et ses soleils, et chacune de ses créations particulières est encore déterminée et conditionnée par toutes les autres. Le caractère distinctif de la Nature et du corps consiste donc dans la totalité et dans la nécessité ; le caractère distinctif de l'esprit, dans la spontanéité et dans la liberté (1).

Considéré dans la *variété* et l'opposition de ses manifestations, dans ses facultés internes, le moi est soumis au *changement*. Sans cesse il pense, il veut, il sent, et sans cesse il modifie ses pensées, ses sentiments, ses volontés, il les développe dans le temps et ne peut pas ne pas les développer ou les modifier. Le *temps* est la *forme* du changement. Il n'est pas un être qui existe en soi et pour soi ; il n'est qu'une propriété des êtres, en tant qu'ils se modifient ; il n'est pas non plus une propriété qui désigne le contenu de l'être, il n'est qu'une propriété *formelle* qui exprime le comment des modifications de l'être et notamment la forme de leur succession. Le temps est donc une propriété

(1) *System der Philosophie*, p. 58-94. — *Voyez* le *Cours de Philosophie* de M. Ahrens, leçon 10e. — Sur les rapports de l'esprit et du corps, *voyez* les leçons 3e et suiv.

formelle du moi, en tant que le moi est un être soumis au changement. Mais, tandis que le moi se modifie sans cesse dans ses facultés internes, dans ses états, dans ses actes, il reste toujours le *même moi,* il demeure identique à lui-même. Quel est donc le rapport du moi, comme être un et entier, au moi, comme être soumis au changement? Il est certain d'abord que le moi se distingue parfaitement dans ces deux états, et qu'il a la conscience que les changements opérés en lui sont sa propriété intérieure; il se place, par conséquent, comme être entier, *au-dessus de lui-même,* en tant qu'il se modifie intérieurement; il est donc lui-même le fondement ou la *raison (der Grund)* de toutes ses modifications internes, car nous appelons raison le rapport du contenant au contenu. Mais le moi n'est pas seulement la *raison tempo-relle* des déterminations de son activité, en tant qu'il se détermine à penser, à vouloir, à sentir telle ou telle chose à tel ou tel moment de la durée; il est encore la raison de la *propriété* qu'il possède de se modifier lui-même; et comme cette propriété est nécessaire, en ce sens que le moi ne peut pas ne pas se modifier, et qu'elle subsiste dans le moi avant et après toute modification particulière, il en résulte que le moi est lui-même encore la *raison éternelle* et nécessaire de ses modifications, en d'autres termes, qu'il est *au-dessus du temps.* Il faut ainsi distinguer dans le moi deux modes d'existence, l'un temporel, l'autre éternel, et comme le moi fait lui-même passer dans le temps le fonds éternel de son essence, en le réalisant par des développements successifs, il doit encore être considéré comme subsistant *au-dessus de l'éternité et du temps* à la fois, comme moi-supérieur (*Ur-Ich*) (1).

Dans son mode d'être éternel, le moi se trouve exister comme *pouvoir* ou *faculté* (*Vermögen*), dans son mode d'être temporel, il se trouve exister comme *activité* (*Thätigkeit*), et dans la détermination de cette activité, au point de vue de la quantité, il s'appelle *force* (*Kraft*).

Les *facultés* du moi sont au nombre de trois. Nous avons une faculté de *penser* et de *connaître,* une faculté de *sentir* et une faculté de *vouloir.* Dans la pensée, l'objet est présent à l'esprit, nous le recevons dans la conscience, il nous apparaît, il est visible pour nous;

(1) *System der Philosophie,* p. 95-127. — *Grundwahrheiten der Wissenschaft,* VI.

il reste donc *distinct* du moi, il conserve sa nature propre, sa séité. Le sentiment nous montre l'objet dans ses rapports avec l'esprit, comme être un et *entier*, c'est-à-dire, dans un rapport de *totalité*. La volonté se présente comme une activité pure, mais l'objet de cette activité est notre activité même; la volonté ne peut s'appliquer qu'à la pensée ou au sentiment, elle leur imprime, comme pouvoir de causalité, une direction particulière, et devient ainsi la plus haute activité que nous trouvions en nous-mêmes.

Considérons le *rapport* de ces facultés entre elles. — D'abord chacune d'elles se rapporte à elle-même, s'élève à la seconde puissance : je pense mes pensées, je sens mes sentiments, je veux mes volontés. En second lieu, chacune d'elles se rapporte aux deux autres : je pense mes sentiments et mes volontés, je sens mes volontés et mes pensées; je veux mes pensées et mes sentiments. Chacune d'elles, enfin, présuppose les deux autres comme une condition de son propre développement. Ainsi, je ne puis penser sans en avoir le désir, et ma pensée serait stérile si mon cœur n'y prenait aucune part. De même, je ne puis sentir sans le vouloir et sans avoir quelque idée de l'objet de mes sentiments. Enfin, je ne puis vouloir sans vouloir quelque chose de déterminé et de connu et sans éprouver quelque tendance vers l'objet de mes désirs. Ainsi le développement de chacune de nos facultés fondamentales exige le développement harmonique de chacune des facultés opposées. Ce développement harmonique de toutes les facultés de l'esprit humain constitue la sagesse de l'homme : le sage est celui qui connaît la vérité, qui la sent et qui veut vivre conformément au sentiment et à la connaissance du vrai.

D'où il suit que ces trois déterminations du moi, la pensée, le sentiment et la volonté, constituent un *organisme* partiel et interne dans le moi un et entier (*ein innerer Theilorganismus des ganzen Ich*); car nous appelons organique ce dont toutes les parties sont déterminées et liées entre elles et sont déterminées et liées avec le tout. Le moi est donc un organisme interne et, de plus, un organisme *vivant*, parce qu'il fait lui-même passer dans le temps le fonds éternel de son activité (1).

Nous avons maintenant à approfondir d'une manière plus particu-

_____

(1) *System der Philosophie*, p. 127-149. — *Voyez* le *Cours de Philosophie* de M. Ahrens, leçon 7ᵉ.

lière, chacune des facultés fondamentales du moi. Nous commencerons par la *faculté de penser et de connaître*.

La *connaissance* exprime le rapport de deux termes, rapport dans lequel l'être connaissant et l'objet connu sont unis tout en conservant leur distinction individuelle, leur séité. La *pensée* n'est autre chose que l'activité de l'esprit dirigée vers la connaissance.

Le domaine ou l'*objet* de la connaissance comprend le moi, le non-moi et l'union du moi et du non-moi. — Je me connais moi-même comme esprit, comme corps et comme homme, dans l'union de l'esprit et du corps. Mais en me connaissant comme un *esprit* individuel, fini ou infiniment déterminé, je distingue encore de moi-même l'*idée* d'un esprit fini, en général, idée que je n'ai point créée, puisque je ne puis réaliser qu'une partie de son essence éternelle. Je suis ainsi conduit à concevoir la pensée de l'existence d'autres esprits qui réalisent, comme moi-même, mais d'une manière propre et distincte, l'idée d'un esprit fini. Les sens me conduisent au même résultat, en me représentant des corps qui sont organisés comme mon propre corps. Et comme chaque esprit fini renferme en lui-même quelque chose d'infini, une essence qu'un nombre déterminé d'esprits ne pourrait jamais réaliser, je présume encore qu'il existe un nombre infini d'esprits finis. Je possède donc l'idée d'un *monde spirituel* (*Geisterreich*) infini. Il y a plus; quand je considère que tous les esprits finis se subordonnent à la *raison*, qu'ils invoquent dans toutes les circonstances et dans tous les lieux, je conçois la pensée de la raison même comme un *être* qui contient en soi tous les esprits finis. — Je n'examine pas encore la question de savoir si cet être et ces esprits existent réellement, j'affirme seulement que nous en avons la pensée en nous.

Puis, en me connaissant comme un *corps* fini ou infiniment déterminé, je me considère dans mes rapports avec la Nature. L'expérience ne me montre qu'une partie de la Nature; mais je puis aussi la concevoir en esprit comme infinie dans l'espace, dans le temps et dans la force : j'ai l'idée d'un *monde physique* infini. De plus, je trouve dans la Nature un genre organique de corps semblables au mien, le genre humain, dont je considère mon corps comme un membre; mais quand je saisis l'idée d'un genre organique de corps humains, je trouve aussi que je puis, dans ma pensée, lui attribuer l'infinité, au même titre que je conçois une infinité d'esprits humains ou raisonnables, et le distribuer dès lors dans l'infinité des corps célestes dont notre terre n'est qu'une partie. — Encore une fois, je n'examine pas ici si ces idées ont une réalité objective, je ne puis que constater leur existence dans la pensée.

Enfin, je me connais comme *homme* dans l'union de l'esprit et du corps. Et je connais en même temps par l'expérience qu'il existe au dehors de moi une société d'hommes qui est répandue sur la terre. Mais quand je conçois de nouveau cette pensée d'une manière pure et complète, quand je considère que je possède l'idée d'un monde spirituel infini et l'idée d'un monde physique infini, je trouve aussi en moi l'idée que le nombre infini des esprits est lié dans tout l'univers avec le nombre infini des corps organiques supérieurs, qu'il existe par tout l'univers une *humanité* dans laquelle la Nature et l'Esprit vivent en harmonie et que l'humanité est ainsi l'*être d'harmonie* (*Vereinwesen*) de l'Esprit et de la Nature. — Ici encore je n'affirme pas l'existence réelle de cet être, je dis seulement que son idée existe dans toute conscience un peu cultivée.

Mais n'existe-t-il pas d'autres idées en dehors des trois idées fondamentales de l'Esprit, de la Nature et de l'humanité; n'avons-nous pas encore l'idée d'êtres qui existent en dehors et au-dessus de ces idées premières? La conscience ne nous atteste pas l'existence d'êtres finis et individuels qui n'appartiendraient pas à l'un de ces trois êtres, mais elle nous atteste l'existence d'un Être infini, supérieur au monde physique et au monde spirituel. L'idée de la raison nous conduit nécessairement à la pensée de cet être. Cette idée, qui exprime le rapport du contenant au contenu, ne s'applique, il est vrai, qu'aux êtres finis, parce que les êtres finis ont seuls une raison supérieure de leur existence, et nous avons conçu la Nature, l'Esprit et l'humanité comme étant infinis dans leur genre. Mais, bien qu'ils soient infinis dans leur genre, ils ne sont pas absolument infinis : en tant qu'il n'est ni la Nature ni toute l'humanité, l'Esprit est limité; en tant qu'elle n'est ni l'Esprit ni toute l'humanité, la Nature est limitée; et l'humanité est encore finie en tant que distincte de l'Esprit et de la Nature. On peut donc soulever la question de la raison de ces trois êtres, et particulièrement de la raison de l'union de l'Esprit et de la Nature dans l'humanité. Or, ce n'est ni l'Esprit en soi, ni la Nature en soi qui peuvent être considérés comme la raison de cette union, puisque la raison est ce qui contient en essence une autre chose. Nous devons donc nous élever à l'idée d'un être qui soit à la fois la raison de l'Es-

prit et de la Nature et la raison de leur union dans l'humanité, et à
l'égard duquel on ne puisse plus soulever la question d'une raison
supérieure.—Je n'affirme pas encore que cet Être, que l'on appelle
Dieu, existe en soi et pour soi, mais j'affirme que nous avons la pensée d'un Être infini, absolu, raison de tout ce qui est et qui, par
cela même, ne relève d'aucune raison supérieure (1).

Tels sont les objets de nos connaissances : l'Esprit, la Nature, l'humanité, conçue comme l'être d'harmonie qui résume en soi le monde
physique et le monde spirituel, et enfin Dieu, conçu comme l'Être
infini et absolu, raison de l'Esprit, de la Nature et de l'humanité. Nous
avons constaté l'existence de ces objets dans la conscience, mais nous
n'avons encore rien affirmé de leur réalité objective. C'est qu'en effet,
nous ne pouvons résoudre cette question qu'après avoir examiné
quels sont les principes, les essences universelles ou les *catégories*
d'après lesquels nous connaissons tout ce que nous pouvons connaître et que nous appliquons indistinctement à tous les objets de nos
connaissances. Nous avons déjà trouvé dans l'intuition du moi, les
catégories ou les essences fondamentales sous la raison desquelles
nous nous connaissons nous-mêmes ; mais nous devons encore les déterminer davantage et les compléter dans l'idée du moi, avant de les
appliquer à l'ontologie, à la métaphysique.

Or nous nous saisissons d'abord comme un *être*, comme quelque
chose qui est ; et nous comprenons maintenant que l'idée de l'être est
l'idée la plus vaste et la plus substantielle que nous puissions concevoir ; car si nous nous élevons au-dessus de nous-mêmes, si nous re-
montons à l'idée de la Nature, de l'Esprit, de l'humanité, nous les
reconnaissons encore comme des êtres, et nous sommes ainsi conduits
à l'idée d'un Être infini et absolu qui embrasse tous les êtres finis.
Mais l'idée ou la catégorie de l'être, conçue en soi, n'est encore rien
de déterminé, elle n'implique en elle-même ni l'existence ni la vie,
bien que l'essence de l'être enveloppe l'existence et qu'elle se pose
comme vie quand l'être est considéré comme la raison de ses propres
déterminations (2). L'être se détermine dans son *essence*. La catégorie
de l'essence se présente immédiatement à nous après celle de l'être :

(1) *System der Philosophie*, p. 149-171.

(2) *Voyez* la détermination de l'idée de la vie dans le *System der Philosophie*,
p. 137.

elle exprime ce que l'être est (1). L'essence du moi renferme une variété de manifestations, mais avant de se manifester comme variété, elle est une : l'être n'a qu'une essence, en d'autres termes, l'essence est d'abord une *unité* d'essence (*Wesenheiteinheit*). Ensuite, elle se distingue comme *séité* et comme *totalité*, catégories par lesquelles nous reconnaissons le moi comme un être propre et identique, comme un être un et entier. Ces catégories sont les deux essences partielles et opposées qui sont renfermées dans l'unité du moi et que nous saisissons à la fois comme coordonnées entre elles et comme subordonnées l'une et l'autre à l'unité d'essence, puisque nous ne pouvons nous reconnaître comme un être, sans nous reconnaître en même temps comme un être propre et entier. Mais la séité et la totalité doivent de nouveau être considérées comme s'unissant ou s'harmonisant entre elles, comme constituant ensemble l'essence d'*harmonie* (*Vereinwe-senheit*) des catégories fondamentales ou des moments de l'unité (2). Puis, au-dessus de l'opposition de la séité et de la totalité, il faut encore remarquer l'*unité supérieure* (*Ureinheit*), car l'unité d'essence, tout en se manifestant dans la séité et dans la totalité, n'est pas absorbée par ces catégories; elle reste une et entière et par conséquent distincte d'elles et supérieure à elles.

Les catégories ou les essences fondamentales que nous avons reconnues jusqu'ici déterminent ce que le moi, en tant qu'être, est en lui-même; mais elles n'indiquent pas le comment ou la *forme* (*Formheit*) du *moi*, en tant qu'il est conçu. C'est cette forme que nous avons maintenant à rechercher. — La catégorie de la forme ne se laisse pas définir, mais elle est immédiatement conçue dans l'unité de l'essence. Le langage ordinaire l'exprime sous le nom de position (*positio, thesis*). Si je demande comment est le moi, je dois répondre qu'il se pose, qu'il se trouve posé, c'est-à-dire; qu'il est positif ou qu'il a une *positivité* (*Satzheit*). Le comment du moi est *un*, comme son essence; le moi possède une *unité de forme*, une unité numérique. Dans cette unité formelle se trouve de nouveau une duplicité de manifestations. En tant qu'il se pose, le moi se dirige d'abord sur lui-même, se rapporte à lui-même, en d'autres termes, il est *direction* ou *relation* interne (*Richtheit* oder *Bezugheit*). Nous avons déjà reconnu des relations

(1) Wesenheit ist das, was ein Wesen weset und ist.
(2) *Grundwahrheiten der Wissenschaft*, X.

particulières du moi; par exemple, quand il veut, il se rapporte à lui-
même, il se dirige sur son activité interne ; il en est de même lorsqu'il
se connaît dans la conscience. Mais toutes ces relations ne sont que
des formes particulières de la relation ou de la direction une et totale
dont il est ici question. En même temps que le moi se dirige sur lui-
même, il se contient tout entier, il se comprend, il s'enveloppe dans
la totalité de son être, en d'autres termes, il est *compréhension*, contenance (*Fassheit*). Ces deux catégories fondamentales de la positivité
du moi sont opposées et coordonnées entre elles, et doivent de nouveau
être réunies dans l'*harmonie* de la forme (*Formheit-Vereinheit*) : en
effet, je ne puis penser que je me pose, sans penser en même temps
que je me dirige sur moi-même et que je me contiens. Et de même
qu'au-dessus de l'opposition de la séité et de la totalité se trouve l'unité
supérieure du moi, de même au-dessus de l'opposition de la direction
et de la contenance, nous devons encore admettre une *unité supérieure
de la forme* ou de la positivité (*Urform-Einheit*, *Urzahl-Einheit*).

Il est aisé de voir que les catégories de la forme se rapportent
exactement aux catégories du fond. A la séité correspond la direction : car, tandis que je me conçois comme un être propre et spontané,
je me conçois aussi comme me rapportant à moi-même, comme étant
le centre de mon activité ou de mes directions ; la direction est ainsi
la forme propre de la séité. Ensuite, à la totalité correspond la contenance : lorsque je me considère comme un être un et entier, je me
considère aussi comme me contenant moi-même ; la contenance est
ainsi la forme propre de la totalité.

Jusqu'ici nous avons reconnu l'essence fondamentale du moi, la
forme ou le comment de l'essence et les catégories subordonnées de
l'essence et de la forme. Il nous reste à combiner la forme avec le
fond, la positivité avec l'essence ou le contenu. De cette combinaison
résulte l'*existence* (*Daseynheit*). Nous disons qu'un être existe quand
son fond prend une forme positive, c'est-à-dire, quand il pose son
essence. L'existence implique nécessairement un contenu, un fond,
une matière, et une forme, un comment, dans lequel l'être pose et
détermine ce qu'il est. Quand nous disons donc que le moi pose son
essence ou que l'essence du moi est posée, nous disons que le moi *est*,
qu'il *existe*, de quelque manière d'ailleurs que l'on puisse concevoir
cette existence. Mais nous avons reconnu que le moi change et se détermine constamment dans le temps; qu'il est aussi la raison éternelle

de ses déterminations et de ses modifications, et qu'il se distingue encore, comme être un et entier, de lui-même en tant qu'il se modifie temporellement et en tant qu'il est la raison éternelle de ses propres modifications. De là, l'idée du moi, comme être existant au-dessus du temps et au-dessus de l'éternité, comme moi supérieur (*urwesenliches Ich*) à l'opposition de l'éternité et du temps; de là, en d'autres termes, la catégorie de l'*existence supérieure* du moi (*urwesenliche-Daseynheit*) (1). Cette existence supérieure du moi renferme de nou-

(1) Cette conception du *moi supérieur* (Ur-Ich) est de la plus haute importance théorique et pratique. — Depuis longtemps la philosophie, en Allemagne, cherchait un principe qui fût élevé au-dessus de toute opposition, un principe d'unité qui fût lui-même la raison de toutes les antithèses; mais elle s'était égarée dans cette recherche. Schelling et Hegel avaient conçu le principe de la philosophie comme l'identité même des termes opposés et s'étaient placés immédiatement au point de vue de l'absolu. Krause a évité cette double erreur. Pour procéder avec méthode, il s'est arrêté à la détermination d'un point de départ immédiatement certain dans la partie analytique de la science, avant de s'engager dans l'ontologie et dans la synthèse, et il a saisi, dans l'intuition du moi, ce principe supérieur, qui n'est pas l'identité du moi et du non-moi, comme le prétendait Fichte, mais qui est le moi lui-même, conçu dans son existence supérieure au temps et à l'éternité. Ce principe est d'une évidence absolue. Il est impossible de méconnaître qu'il y ait à la fois dans le moi individuel quelque chose d'infini, d'éternel, de nécessaire, et quelque chose de fini, de temporel, de contingent; il est impossible de nier que le moi, qui, en tant que raison, fait lui même passer dans le temps le fonds éternel de son essence, ne soit supérieur à ces deux modes d'existence, supérieur à l'opposition de l'éternité et du temps et de tous les modes subordonnés qui sont impliqués dans ces modalités fondamentales. C'est par une application légitime de ce même principe que Krause arrive à déterminer toutes les phases de l'existence humaine, dans la morale, dans la société, dans la religion. Ainsi, dans la morale, l'homme est élevé, par sa *liberté*, au-dessus de l'opposition de l'idée éternelle et absolue du bien et de l'idée du temps dans lequel il effectue sa destination morale; il n'est pas subjugué par l'idée du bien, il peut ne pas la réaliser; mais il n'est réellement libre qu'en harmonisant le bien avec sa propre vie temporelle, en transportant dans la réalité de la vie l'idéal absolu du bien qu'il a conçu dans son intelligence. Il en est de même de l'idée absolue du droit ou de la justice et de l'idée absolue de la religion. C'est encore, comme nous le verrons plus loin, par une application semblable que Dieu, le moi absolu et infini, est élevé, comme *Être et Raison suprême* (Urwesen), au-dessus de l'opposition de l'Esprit et de la Nature, au-dessus de l'opposition des lois éternelles de l'univers et de la contingence ou de la finité des choses, et qu'il réalise librement, comme être d'unité supérieure, dans le monde de la contingence et du temps, les lois infinies et absolues de sa propre nature. (Voyez *Grundwahrheiten der Wissenschaft*, X.)

veau deux modes d'existence opposés ou coordonnés entre eux et subordonnés à l'unité supérieure de l'existence ; ces modes sont l'*existence éternelle* (*ewige Daseynheit*) et l'*existence temporelle* (*zeitliche Daseynheit*), conçues dans leur opposition. Le moi sait qu'il existe dans le temps, dans la réalité de la vie, et qu'il existe aussi en dehors du temps, par exemple, quand il conçoit le bien comme un commandement éternel sans aucune considération du temps. Mais ces deux modes d'existence sont encore réunis en *harmonie*, puisque le moi reconnaît qu'il réalise dans le temps son essence éternelle et qu'il juge tout ce qui est temporel en lui d'après l'idéal d'une éternelle existence. De là, un *quatrième* mode d'existence qui harmonise le temps et l'éternité, et par lequel la vie est, en quelque sorte, éternelle dans le temps et temporelle dans l'éternité (*zeitewige Daseynheit*).

Nous avons ainsi répondu à la première question : D'après quels principes, *d'après quelles catégories le moi se connaît-il lui-même?* Mais la question complète est celle-ci : D'après quelles catégories le moi connaît-il *tout* ce qu'il peut connaître? Nous devons donc rechercher encore les catégories ou les essences fondamentales qui se trouvent dans tout objet de la connaissance, en tant qu'il est conçu comme existant au dehors du moi. Or, ces catégories sont absolument identiques à celles que nous avons trouvées en nous-mêmes. Que nous pensions à un animal, à une plante, à une pierre, à un astre ou à un système planétaire, ou que nous pensions à nous-mêmes, nous devrons toujours connaître chacun de ces objets sous la raison de l'être et de l'essence, de la forme et de la positivité, de l'existence, et de toutes les catégories subordonnées que nous avons rencontrées dans l'existence, dans la positivité et dans l'être. Il nous est impossible de ne pas concevoir un objet comme étant quelque chose, c'est-à-dire, comme un être, comme se manifestant de quelque manière, c'est-à-dire, comme étant posé, et comme existant dans la positivité de l'être et de l'essence. Il nous est également impossible de concevoir d'une autre manière l'idée d'un monde physique ou d'un monde spirituel infini ; nous ne pouvons pas ne pas rapporter à l'Esprit et à la Nature les catégories que nous avons rapportées à tout objet fini et à notre propre moi. Mais il y a cette différence essentielle entre l'application des catégories au moi et leur application à tout ce qui n'est pas moi, que je suis moi-même le moi, c'est-à-dire, que je suis immédiatement certain de la valeur réelle et objective des catégories, en tant qu'elles sont en moi, que je suis, en d'autres termes, certain de mon être, de ma positivité, de mon existence, tandis que je ne suis pas le non-moi, c'est-à-dire, que je ne puis encore affirmer que les objets qui sont en dehors et au-dessus de moi existent réellement et positivement de la manière dont je les pense, que j'ignore, en d'autres termes, si les catégories d'après lesquelles je conçois et je dois concevoir les choses se réalisent au dehors comme elles se réalisent en moi-même ; je ne puis affirmer qu'une chose, c'est qu'elles sont réelles en moi et qu'elles sont les règles de toutes mes conceptions.

Mais nous n'avons pas encore vérifié leur application à la pensée de l'Être un, infini, absolu, à l'idée de Dieu. Or il est évident que nous devons encore concevoir l'idée de Dieu d'après les mêmes catégories que nous avons appliquées aux êtres finis. Celui qui possède la pensée de l'Être, de l'Être un, infini, absolu, possède aussi la pensée de l'essence, de l'essence une, infinie, absolue ; il conçoit l'Être comme étant *soi*, comme subsistant par lui-même, et comme étant le seul être qui subsiste par lui-même, c'est-à-dire, qui soit *absolu* ; il conçoit aussi l'Être comme être un et entier, d'après la totalité, et comme étant le seul être qui soit réellement la totalité universelle, c'est-à-dire, qui soit *infini*; et en même temps, il considère l'Être comme harmonisant la séité et la totalité, c'est-à-dire, comme étant absolument infini et infiniment absolu, et comme étant l'unité supérieure qui s'élève au-dessus de cette opposition et de cette harmonie interne. Ensuite l'Être est conçu, d'après le *comment* ou la forme, comme étant posé ou comme se posant, et comme étant le seul être qui se pose d'une manière infinie et absolue, le seul qui soit infiniment et absolument en relation avec lui-même et qui se comprenne ou s'embrasse dans la totalité universelle de son être, dans l'harmonie et dans l'unité supérieure de la positivité. Et puisque la positivité de l'Être est conçue comme la positivité de son essence, nous devons, enfin, concevoir l'Être comme existant, comme étant l'*existence* une, infinie, absolue, qui renferme de nouveau toutes les modalités subordonnées de l'existence. — La pensée de l'Être ou de Dieu doit donc être conçue d'après les mêmes catégories fondamentales que l'idée du moi et des êtres finis, avec cette différence que les catégories, placées elles-mêmes au-dessus de l'opposition du fini et de l'infini, sont infinies et absolues dans l'Être infini et absolu, tandis qu'elles sont finies et contingentes dans les êtres finis et contingents.

Nous avons ainsi trouvé le système organique des lois ou des catégories premières qui président à toute connaissance, sensible ou rationnelle, et d'après lesquelles tous les êtres, tous les objets, quels qu'ils soient, doivent être conçus dans l'organisme de la connaissance (1).

Après avoir examiné, d'une manière générale, ce que nous connaissons (*was wir erkennen*) et d'après quelles lois (*wonach*) nous le connaissons, il nous reste à examiner *comment* (*wie*) se forme la connaissance, c'est-à-dire, à quelle *source* nous la puisons. En considérant la connaissance à ce point de vue, nous saisissons de prime abord une distinction fondamentale. Une partie de notre connaissance se rapporte à des objets complétement déterminés ou finis dans le temps et dans l'espace; nous l'acquérons par le moyen de nos *sens*, soit des sens extérieurs, soit du sens interne ou de l'imagination. Une autre partie se rapporte à des objets ou à des propriétés qui surpassent toute la portée de nos sens et que nous ne pouvons placer ni dans le temps ni dans l'espace. Telle est, par exemple, l'intuition propre du moi. Le moi ne peut se percevoir lui-même par l'intermédiaire d'aucun sens interne ou externe, il se reconnaît comme un être existant au-dessus du temps et de l'espace, doué d'une essence éternelle, infinie, raison de son activité et de ses manifestations dans le temps. Telle est encore l'idée de la Nature infinie, l'idée de la plante, de l'animal, de l'homme, en tant que ces idées universelles ne se laissent pas renfermer dans le domaine toujours restreint de l'expérience sensible. Or nous appelons *connaissance sensible* la connaissance d'un objet individuel, complétement déterminé et fini dans le temps; et nous appelons *connaissance non-sensible* la connaissance de tout ce qui est universel, immuable, éternel, que ces éléments soient d'ailleurs abstraits et tirés de l'expérience sensible ou qu'ils soient conçus par la *raison* dans leur nécessité absolue comme supérieurs à toute expérience et indépendants de toute observation sensible.

La connaissance sensible est *double*: elle se rapporte tantôt au monde extérieur, perçu par les sens du corps, tantôt au monde interne, perçu par le sens de l'esprit, c'est-à-dire, au monde de l'imagination. Nous parlerons d'abord de la *connaissance sensible extérieure*.

(1) *System der Philosophie*, p. 171-188. — La *Logique* de Krause renferme une exposition plus complète du système des catégories, qui n'a été envisagé ici que dans ses rapports avec la théorie analytique de la connaissance.

Dans la connaissance sensible extérieure nous avons trois choses à distinguer, les *sens* eux-mêmes; la représentation des *objets* dans les sens, et l'*activité* préliminaire de l'esprit qui saisit dans les organes sensibles la représentation des objets du dehors pour en former, à l'aide de l'imagination et des catégories de la raison, la notion d'un objet individuel du monde extérieur.

Les *sens* du corps sont en harmonie avec les procédés généraux de la nature ; ils se trouvent entre eux dans la même relation et ils se développent dans le même ordre ascendant qui caractérise la vie du monde physique. Le *toucher*, qui se manifeste sur toute la surface du corps, se rapporte à la cohésion, à la gravité, à la chaleur, c'est-à-dire, aux forces élémentaires du procédé dynamique qui se manifestent dans tous les corps de la nature. Les autres sens, doués d'un siège particulier, se rapportent aussi à des procédés particuliers de la vie physique. Le *goût* et l'*odorat*, unis entre eux, correspondent au procédé chimique. Plus élevés que les organes du goût et de l'odorat, les organes de la vue et de l'ouïe se rapportent aussi à des procédés plus élevés. L'*ouïe* correspond au mouvement propre des corps, à la force interne par laquelle ils déploient leur activité dans le temps, et la *vue*, à la lumière et à la couleur, c'est-à-dire, à la force supérieure dans laquelle la nature exprime et comprend son existence dans l'espace.

L'harmonie qui existe entre l'organisme de nos sens et l'organisme de la nature est une condition essentielle de la connaissance sensible. Une seconde condition, c'est la *représentation d'un objet dans les organes des sens*. Nous avons déjà fait remarquer, à cet égard, que l'esprit humain n'est pas uni, d'une manière immédiate et directe, avec les objets extérieurs, mais avec les sens eux-mêmes, c'est-à-dire, avec les impressions ou les modifications que les sens éprouvent à l'occasion des objets du dehors. Ce sont ces impressions ou ces modifications qui sont proprement l'objet de la connaissance sensible extérieure (1).—Au premier abord, quand l'esprit s'élève à la conscience

(1) Nous ne nous arrêterons pas à ce point qui a été établi, avec la dernière évidence, par Krause, *System der Philosophie*, p. 32, 195, suiv., et surtout dans la *Logik* et dans les *Grundwahrheiten der Wissenschaft*, III, et par M. Ahrens, *Cours de philosophie*, 8ᵉ leçon. — Pour tout ce qui concerne la théorie de la connaissance, nous renvoyons aussi à la première partie de notre mémoire.

de ce fait, quand il vient à s'apercevoir qu'il ne perçoit pas directement le monde extérieur, qu'il ne perçoit pas même son corps tout
entier, mais seulement une partie déterminée du système nerveux de
ce corps, il s'effraie, il croit que le monde physique lui échappe.
Cependant il se rassure, en considérant que tous les objets extérieurs
forment une partie de la Nature dont notre corps est lui-même un
organisme partiel et interne, qu'ainsi les objets et les corps sont unis
entre eux et unis avec nous dans l'essence de la Nature et que l'existence d'un seul suffit pour établir l'existence de tous.

Mais si nous ne percevons qu'indirectement les objets extérieurs
reçus dans les organes des sens, si nous ne percevons, d'une manière
immédiate, que les sensations elles-mêmes, il est manifeste que les
sens ne suffisent pas pour établir la connaissance sensible. Les sens
ne nous transmettent qu'une impression fugitive et momentanée; ils
ne nous apprennent rien de la nature des choses, ni de leur existence
dans le temps et dans l'espace. La connaissance sensible implique
donc, comme une troisième condition de son existence, l'*activité de
l'esprit*, qui perçoit les objets extérieurs représentés dans les organes
des sens et qui leur applique les formes de l'imagination et les catégories générales de la raison.

Au monde extérieur, objet indirect de la connaissance sensible extérieure, s'oppose le *monde de l'imagination*, objet immédiat de la
connaissance sensible interne. L'*opposition* de ces deux mondes de la
sensibilité se manifeste surtout dans la faculté que nous possédons de
créer l'un, et dans la nécessité où nous sommes d'accepter l'autre tel
qu'il se présente à nous.

En observant le monde de l'imagination, nous y trouvons d'abord
quelque chose d'*étendu*, de *corporel*, qui subsiste dans le temps et dans
l'espace, et qui est doué de toutes les propriétés que nous avons rencontrées dans le monde extérieur : la lumière et les couleurs, la saveur,
la senteur, le son, la sensation de la chaleur et du froid; en un mot,
nous trouvons en nous, soit dans la veille, soit dans le sommeil, un
monde corporel interne qui est exactement semblable au monde extérieur, avec cette différence que, dans le monde extérieur, tout est plus
lié, plus enchaîné dans l'organisme et dans la totalité de la vie de la
Nature, tandis que, dans le monde de l'imagination, que nous créons
librement et spontanément, nous pouvons détacher ce qui se lie,
nous pouvons concevoir des formes pures, des formes géométriques

dépourvues de tout contenu. Le monde de l'imagination n'est donc pas une simple copie du monde extérieur : l'imagination est productive aussi bien que reproductive, et ses créations sont souvent supérieures à celles de la nature, comme le démontrent les œuvres des grands artistes. Elle est si peu reproductive, en général, qu'elle ne peut se représenter le monde extérieur qu'à l'aide de ses *propres formes*, c'est-à-dire, qu'elle est elle-même une *condition* de l'aperception de la Nature. Les sens du corps, en effet, ne nous fournissent aucune notion du *temps*, de l'*espace* et du *mouvement*, et cependant il nous est impossible de placer un objet individuel, quel qu'il soit, en dehors de ces formes générales de la sensibilité. Le temps, l'espace et le mouvement sont donc la propriété de l'imagination, et nous ne pouvons les rapporter au monde extérieur que parce que nous en avons une intuition immédiate dans le monde sensible interne.

Mais le monde de l'imagination n'embrasse pas seulement les formes et les intuitions individuelles de la vie physique, il comprend encore les intuitions et les actes déterminés de la *vie spirituelle*. Nous avons, par exemple, une intuition déterminée d'autres hommes ; nous nous figurons leurs pensées, leurs sentiments, leurs désirs, leur caractère, en général ; nous nous représentons leur vie spirituelle tout entière, quand nous n'avons fait encore qu'apercevoir leur corps ou entendre leur langage. Il y a plus : nous nous imaginons des hommes qui n'ont jamais existé, et nous leur prêtons, dans le sommeil ou dans la veille, les pensées, les actions, les sentiments qu'il nous plaît. La poésie démontre cette création spirituelle de l'imagination de la manière la plus pure et la plus élevée. Le poète crée intérieurement tout un monde de personnages déterminés, il caractérise l'ensemble et les détails de leur vie spirituelle et morale, leurs rapports réciproques, le développement de leurs caractères et de leurs passions ; et quand nous croyons assister à un drame réel, nous n'assistons qu'au spectacle d'une imagination poétique, nous savons seulement que l'artiste est en lui-même ou qu'il pourrait être, dans des circonstances déterminées, tout ce que la liberté de son imagination lui a inspiré de grand et de noble. — Il est manifeste que, si nous ne possédions pas intérieurement ce second domaine de l'intuition spirituelle de l'imagination, nous ne connaîtrions rien de l'esprit des autres hommes, à moins que de nouvelles sources de connaissances nous fussent ouvertes ; car nous ne pouvons saisir la vie de l'esprit par l'intermédiaire du corps et du langage.

Les deux mondes de la sensibilité, bien qu'opposés entre eux, subsistent aussi en *harmonie*. Ils se pénètrent mutuellement et, par cette pénétration, ils s'élèvent à une nouvelle puissance. Le monde extérieur se reproduit et s'idéalise dans l'imagination, qui le conçoit dans ses formes les plus pures et les plus harmonieuses. Et le monde de l'imagination se réalise, à son tour, dans la nature, par la puissance des beaux arts, comme la vie même de l'imagination idéale passe dans la vie de la nature, par le secours des sciences qui ont pour but le perfectionnement du corps humain et de tous les êtres sensibles. — La raison de cette harmonie des deux mondes opposés de la sensibilité doit être cherchée dans un monde supérieur et non-sensible, dont l'expérience ne peut à elle seule constater l'existence (1).

Tels sont les principes généraux de la connaissance sensible, envisagée dans son organisme entier, dans l'opposition et dans l'harmonie supérieure des deux mondes de la sensibilité. — Nous avons maintenant à explorer, de la même manière, le domaine de la *connaissance non-sensible*, considéré, dans son organisme interne, comme opposé au domaine de la connaissance sensible. Puis, nous aurons à saisir l'unité supérieure de ces deux organismes partiels de la théorie de la connaissance.

La connaissance sensible est complétement finie, déterminée, individuelle; la connaissance non-sensible, au contraire, doit être complétement infinie, éternelle, immuable, nécessaire, universelle. Or, trouvons-nous en nous-mêmes des pensées de cette nature? — J'affirme qu'il en est ainsi. Car d'abord dans l'intuition fondamentale de nous-mêmes, nous trouvons la pensée : *moi*. Cette pensée n'est pas simplement et d'abord la pensée d'un objet complétement fini et déterminé, mais d'un être déterminant; elle n'est pas, en second lieu, la pensée de quelque chose de changeant et de temporel, mais de quelque chose d'immuable et de permanent, puisque nous avons la conscience que, malgré tous les changements, nous subsistons constamment identiques à nous-mêmes. La pensée du moi est donc une pensée non-sensible; et toute la science du moi, telle que nous l'avons formulée jusqu'à ce moment, est un exemple de connaissance non-sensible. Mais la connaissance non-sensible dépasse encore la sphère du moi. Nous avons trouvé en nous-mêmes des idées premières, conçues

(1) *Abriss des Systemes der Logik*, p. 38.

à priori, des *catégories* que nous appliquons indistinctement à tous les objets de la connaissance. Or, aussitôt que nous comprenons un être ou un objet quelconque en dehors du moi sous la raison de ces principes éternels et immuables, sous la raison de son essence éternelle qui est exprimée dans les catégories, nous formons encore une connaissance non-sensible. Telle est, par exemple, la pensée d'un produit de la Nature, de la pierre, de la plante, de l'animal, en tant que nous concevons ces objets, non pas dans leur individualité finie et contingente, mais dans leur essence, dans leur forme, dans leur existence éternelle ; telles sont encore la pensée de la Nature infinie, la pensée de l'Être infini, absolu. — Ainsi, le domaine de la connaissance non-sensible embrasse à la fois, considérée par rapport à nous-mêmes, la *sphère du moi* et la *sphère du non-moi* ; en d'autres termes, la connaissance non-sensible est tantôt *immanente*, tantôt *transcendante*. Mais ces deux termes sont intimement unis entre eux. La pensée de la Nature infinie est certainement transcendante ; elle dépasse la sphère du moi ; mais quand on considère que la Nature se trouve, par l'intermédiaire du corps humain, dans une relation d'essence et de pénétration mutuelle avec le moi, on doit soutenir aussi que la pensée transcendante de la Nature n'est pas dégagée de tout lien avec la pensée immanente du moi. De même la pensée de Dieu dépasse infiniment et absolument la sphère du moi ; mais quand je considère que l'Être infini et absolu doit être conçu comme contenant en lui-même tout être et toute essence, et qu'ainsi chaque moi individuel trouve sa raison en lui, j'affirme encore que la pensée transcendante de Dieu n'est pas isolée de la pensée immanente du moi et que, dans cette pensée, c'est le moi qui se dépasse lui-même pour redescendre ensuite jusqu'à lui.

Si nous considérons maintenant la connaissance non-sensible dans la variété de son essence ou de sa nature, nous y distinguons d'abord la *connaissance abstraite* ou *co-sensible* (*nebensinnliche Erkentniss*). En embrassant les éléments communs du domaine sensible, nous formons des notions qui sont, à la vérité, non-sensibles, puisque les sens ne perçoivent que l'individuel, mais qui ne sont cependant que la simple généralisation des notions sensibles ; en d'autres termes, nous formons des *notions abstraites, communes* ou *générales*, dont le contenu ne s'élève pas au-dessus du domaine sensible, qui sont tirées de l'expérience et puisées dans la sensation. A cette classe appartiennent la plupart des pensées non-sensibles de la conscience ordinaire : ainsi, les notions de tous les objets naturels, les notions même de l'homme et de l'esprit, telles qu'elles apparaissent dans la conscience, avant toute culture intellectuelle, on les appelle communément des notions expérimentales; et, en effet, elles empruntent leur contenu à l'expérience, à l'observation sensible, mais elles sont aussi formées, comme nous l'avons établi au moyen de ces présuppositions générales, de ces catégories supérieures à l'observation, que nous appliquons à toute espèce de connaissances.

Il faut distinguer de ces notions abstraites ou co-sensibles les *notions universelles* (*eigentliche Allgemeinbegriffe*) qui saisissent quelque chose d'universel, d'éternel, de nécessaire, et qui, par conséquent, s'opposent à l'expérience en tant qu'elles renferment ce qui est contenu dans la sphère de toutes les expériences possibles. Telles sont, par exemple, les notions des formes géométriques. Ces notions, en effet, renferment la pensée de quelque chose d'universel, d'éternel, de nécessaire; leur contenu n'est pas puisé dans l'expérience, comme le contenu des notions empiriques, il est immédiatement conçu comme non-sensible, et cependant on ne peut rien rencontrer dans les formes individuelles, réalisées dans la Nature ou dans l'imagination, qui ne se trouve déjà réalisé dans ces notions universelles. De même, la notion du moi, que nous n'avons pas empruntée à l'expérience individuelle, renferme cependant, dans son actualité, tout ce que l'expérience peut constater en nous. De même encore les notions du bien et de la justice, qui ne prennent pas leur source dans la réalité historique, dans l'expérience de la vie, s'imposent cependant à l'expérience et sont à chaque instant de la durée réalisées dans la vie. Ces notions universelles, dont le contenu, dont l'essence éternelle se manifeste et se réalise dans l'infinité du temps, sont communément appelées des *idées* par excellence. On pourrait aussi les appeler, par opposition aux notions communes ou abstraites, des notions ou des *connaissances sur-sensibles* (*übersinnliche Erkentniss*).

Tel est le domaine de la connaissance non-sensible qui est opposée ou *coordonnée* à la connaissance sensible. Mais nous trouvons encore des connaissances et des pensées non-sensibles qui s'élèvent complétement au-dessus des notions sensibles et des idées éternelles, des pensées d'être et d'essence qui sont au-dessus de l'universel et du particulier, et qui, par conséquent, en restent distinctes. Les idées éternelles du *bien*, du *beau*, du *juste*, sont, il est vrai, réalisées dans l'infinité du temps, mais elles ne se réalisent pas elles-mêmes, elles sont, en tant qu'éternelles et universelles, opposées aux notions particulières, sensibles, déterminées dans le temps et dans l'espace. En d'autres termes, les idées éternelles impliquent un être qui les réalise dans le temps, et qui, par cela même, se place au-dessus de l'opposition du temps et de l'éternité, des notions sensibles et des notions non-sensibles, et détermine l'union et l'harmonie de ces deux domaines de la connaissance. Nous avons déjà rencontré une pareille connaissance dans l'intuition du moi, puisque nous avons la conscience que le moi subsiste, comme être, avant et au-dessus de l'opposition de son idée et de son individualité temporelle, puisqu'il reconnaît, en se déterminant comme moi-supérieur (*Ur-Ich*), qu'il réalise lui-même dans le temps son idée éternelle, qu'il compare sans cesse son état et sa vie réelle avec l'idée-type ou l'idéal du moi humain, et qu'il existe ainsi au-dessus de lui-même, au-dessus des déterminations internes de l'universel et du particulier. Nous pressentons aussi que la Nature doit exister au-dessus de l'opposition de ses lois éternelles et de ses déterminations particulières, c'est-à-dire, qu'il existe un être physique qui réalise lui-même dans l'infinité du temps, les lois infinies de sa nature ; et nous possédons ainsi de la Nature comme du moi, une connaissance supérieure à l'opposition de la connaissance sensible et de la connaissance non-sensible. Il en est de même de l'Être infini et absolu. Nous reconnaissons qu'il existe au-dessus de l'opposition du temps et de l'éternité, du particulier et de l'universel, du sensible et du non-sensible, nous le comprenons comme étant la raison de tout ce qui est et l'harmonie de toutes les antithèses. — Ce nouveau genre de connaissance, supérieur aux notions sensibles et aux notions non-sensibles, peut être appelé la *connaissance sur-essentielle* (*urwesenliche Erkentniss*), parce qu'elle détermine l'objet dans son essence supérieure, c'est-à-dire, qu'elle considère l'être en tant qu'il est lui-même la raison de son essence éternelle et de son essence temporelle, la raison de leur union et de leur synthèse dans la réalité de la vie.

Jusqu'ici nous avons considéré tour à tour l'organisme de la connaissance sensible, l'organisme de la connaissance non-sensible, et enfin l'organisme supérieur et synthétique de la connaissance sur-essentielle. Nous n'avons donc saisi encore que des organismes partiels et particuliers de la connaissance, en général : nous avons conçu la

connaissance sensible et la connaissance non-sensible dans leur antithèse, dans leur *opposition coordonnée*, c'est-à-dire, dans le contenu
qui leur est propre, dans leur distinction individuelle et dès lors dans
leur limitation réciproque ; nous avons conçu la connaissance sur-
essentielle dans l'*opposition subordonnée* qu'elle soutient avec les deux
autres domaines de la connaissance, c'est-à-dire, encore dans son contenu propre, dans sa distinction, et dès lors aussi dans les limites
que lui prescrivent simultanément la connaissance sensible et la connaissance non-sensible. Nous devons maintenant considérer la connaissance dans son organisme complet et définitif, dans sa plénitude
supérieure à toute distinction, à toute opposition coordonnée ou
subordonnée, à toute thèse, antithèse ou synthèse, dans la totalité
absolue de son objet (*unbedingte selbganzwesenliche Erkenntniss*).
De là résultent les notions ou les *idées d'être* (*Wesinedee, Wesen-
schauung*), les idées les plus complètes et les plus fondamentales que
la raison puisse saisir (*Grundidee* oder *Uridee*). Le domaine de ces
idées, qui embrassent un être dans la totalité absolue de son organisme, antérieurement à toute distinction, constitue le domaine de la
connaissance organique.

Les notions fondamentales ou les idées d'être ne sont donc pas le
produit de l'abstraction ou la généralisation de quelques signes particuliers, comme les notions communes ; elles sont supérieures au temps,
supérieures même à l'essence éternelle de l'être et subsistent en elles-
mêmes d'une manière absolue, indépendamment de toutes les conceptions partielles antérieures qu'elles éclairent et qu'elles complètent
en les acceptant dans leur propre organisme. Sans être tirées de l'expérience, elles contiennent tout ce que l'expérience peut découvrir
dans l'idée d'un être ou d'une chose. C'est ainsi que l'idée organique
de l'espace est en elle-même tout ce que le zèle des géomètres peut,
dans l'infinité du temps, explorer dans l'inépuisable fécondité des
formes internes de l'espace. Et toutes ces déterminations internes de
l'idée organique n'existent plus isolées, comme dans les notions universelles, mais sont immédiatement conçues dans leur enchaînement
avec l'organisme total de l'idée.

Un autre objet de la connaissance organique ou de l'idée d'être
nous est encore donné dans l'intuition du moi. Nous avons, en effet,
reconnu le moi comme un être un, propre et entier (ein selbes ganzes
Wesen), existant avant et au-dessus de ses déterminations internes et de

l'organisme de ces déterminations, comme étant en lui-même et par lui-même, la variété de ses fonctions, de ses membres, de ses forces, de ses activités, de son essence éternelle, de son essence temporelle et de l'harmonie de cette double essence; cette connaissance organique absolue du moi contient en soi toutes les connaissances partielles que nous avons précédemment établies, la connaissance sur-essentielle et harmonique, aussi bien que la connaissance éternelle et la connaissance sensible. C'est de la même manière encore que nous considérons la Nature, sous la raison d'une idée complète et absolue, d'une idée d'être, lorsque nous la concevons comme un être organique supérieur à toutes ses déterminations éternelles, temporelles et harmoniques, comme un être un et entier, comme le seul individu, dans son espèce, qui soit et qui contienne en lui-même, d'une manière indistincte, l'infinité de l'espace, du temps et de la force, l'infinité des systèmes célestes avec leurs soleils et leurs terres, avec leurs plantes, leurs animaux et leur humanité. Il est manifeste que cette conception totale de la Nature, envisagée comme un être un et entier, renferme encore toutes les conceptions partielles de la Nature, envisagée soit dans ses productions particulières, soit dans ses forces ou dans ses procédés éternels et universels, soit enfin dans son existence supérieure, en tant qu'elle réalise dans le temps le fonds éternel de son essence.

C'est de la même manière enfin que nous avons la pensée de l'Esprit, comme être total et organique du monde spirituel, la pensée de l'humanité, comme être total et organique qui est en soi l'harmonie intérieure du monde spirituel et du monde physique, et au-dessus de toutes ces pensées absolues déterminées, la pensée de l'Être un, infini, absolu, qui est et qui contient en soi toutes les idées de l'Esprit, de la Nature, de l'humanité, tous les organismes particuliers de la connaissance (1).

Nous avons ainsi épuisé toute la sphère de la connaissance non-

(1) Le schématisme de la connaissance organique est donc le suivant :

Connaissance organique.
(Une, infinie, absolue.)
Connaissance sur-essentielle :

Connaissance sensible.   *Connaissance non-sensible.*
extérieure,   intérieure.   co-sensible,   sur-sensible.
(commune, abstraite) (universelle, nécessaire).

sensible et toutes les connaissances, en général, que nous rencontrons dans la conscience. Mais notre but n'est pas de savoir ce que nous pouvons penser, mais ce que nous connaissons de la nature des choses : notre but est la recherche de la *vérité*. Comment donc parvenons-nous à accorder la *réalité* à nos pensées non-sensibles? comment savons-nous qu'elles sont vraies?

Nous avons déjà résolu cette question, en tant qu'elle se rapporte au moi; nous avons vu que nous sommes immédiatement certains de la réalité ou de la vérité des pensées que nous trouvons en nous et qui s'adressent à nous-mêmes. Mais nous avons laissé la question indécise, par rapport à la connaissance transcendante. Nous allons maintenant tâcher de la résoudre, au moyen de l'idée de la raison.

Nous arrivons ainsi à la question la plus importante, celle de la certitude de l'*existence de Dieu*, question dont la solution a été préparée par tout le travail analytique antérieur. Nous avons été conduits à la pensée de Dieu au moyen du principe de la raison (*Grund*). Ce principe a été, non pas la cause, mais l'occasion qui a fait surgir dans notre esprit la pensée de l'Être infini et absolu. Nous avons reconnu que le principe de la raison est certain dans le domaine du moi; que, de plus, il est sans cesse appliqué par nous à tout ce qui est fini et pour autant qu'il est fini, sous l'un ou l'autre rapport, à l'Esprit et à la Nature, aux divers genres d'idées comme aux divers ordres de l'existence. Le principe de la raison, certain en lui-même, se montre ainsi sous un caractère transcendant. Or le moi ne peut pas être la raison de ce principe, pas plus que l'idée du moi n'est la raison de l'idée du non-moi, du monde extérieur, ou le fini, la raison de l'infini. Nous avons donc à rechercher la source de l'idée de la raison et de son application à tout ce qui est encore fini à certains égards, c'est-à-dire, nous avons à rechercher la raison même de la raison, puisque l'idée de la raison, infinie et absolue en elle-même, est encore une idée particulière, distincte de toute autre idée, et qu'elle renvoie ainsi à un principe supérieur qui soit la raison de l'application de l'idée de la raison à tous les domaines du moi et du non-moi. Or la raison dernière de toutes les raisons particulières doit se trouver dans l'Être infini et absolu. L'idée de la raison, en effet, n'existe pas par elle-même, indépendamment d'un être qui la soutienne; la raison exprime un rapport, et tout rapport présuppose un être qui en soit la base; la raison première et dernière, c'est-à-dire, la raison infinie et absolue ne peut exister que dans un Être infini et absolu. Et cet Être est appelé *Dieu*.

L'existence de Dieu est donc aussi certaine que l'existence de l'idée de la raison; Dieu est même la source, le principe de certitude pour la raison et pour son application aux divers ordres des choses. Sans l'Être absolu et infini, l'idée de la raison manquerait de fondement; mais aussi quand on poursuit l'idée de la raison, on est conduit infailliblement à l'existence de Dieu, comme raison dernière de tout ce qui est. Nous reconnaissons donc ici clairement que l'idée de la raison et l'usage constant que nous en faisons, présupposent déjà l'existence de Dieu, que ce n'est donc pas l'idée de la raison qui est la raison de l'idée de Dieu et de sa reconnaissance par l'esprit humain, mais que c'est Dieu qui, comme raison de tout ce qui est, est aussi la raison de l'idée que nous avons de Dieu. C'est donc par Dieu que nous nous élevons à Dieu; l'idée de la raison n'est qu'un moyen par lequel l'esprit s'élève successivement à Dieu; mais, lorsque nous avons été conduits jusqu'à comprendre la nécessité de rechercher la raison même de la raison, Dieu se montre lui-même comme Être infini et absolu devant la vue spirituelle, et nous saisissons alors Dieu par une *intuition immédiate et directe;* nous comprenons que Dieu n'a plus de raison, que son existence est par conséquent *indémontrable,* dans le sens ordinaire de ce mot, puisqu'il n'y a point de principe supérieur d'où nous puissions conclure l'existence de Dieu. Mais nous n'en sommes pas moins assurés de l'existence de Dieu, puisque Dieu est la raison de notre propre moi et de tous les rapports d'intelligence et de vie dans lesquels nous pouvons nous trouver. Pourquoi donc l'esprit, dans l'état ordinaire, demande-t-il si l'idée de Dieu a de la réalité objective, si Dieu existe réellement? C'est qu'il ne conçoit pas Dieu comme l'Être infini et absolu; c'est qu'il ne conçoit que confusément l'idée de la raison et qu'il ne comprend pas la nécessité de rechercher l'origine de toute raison dans l'Être infini et absolu. Quand on demande si une idée a de la réalité, on distingue entre un intérieur et un extérieur, pour savoir si un objet extérieur correspond à l'idée intérieure ou subjective. Mais Dieu est au-dessus de cette opposition de l'intérieur et de l'extérieur, Dieu n'est pas plus extérieur qu'intérieur à l'esprit : il embrasse essentiellement toute conscience sans être absorbé en elle. De plus, Dieu est la raison de cette opposition même, qui n'existe que pour des êtres et des objets finis dont l'un est en dehors de l'autre ; car, comme tout ce qui est fini implique une raison, il faut aussi une raison de l'opposition qu'on établit entre l'intérieur et l'extérieur, et cette raison, en dernière analyse, est dans l'Être infini et absolu, c'est-à-dire, en Dieu. Dieu est donc la raison même de ce que l'esprit fini peut s'enquérir de la réalité objective de ses idées en général et de l'idée de Dieu lui-même ; et, par conséquent, la question de la réalité de l'idée de Dieu suppose déjà l'existence de Dieu.

L'existence de Dieu est la raison souveraine de toute existence, la condition de l'existence du moi et du non-moi, la condition de leur rapport et par conséquent aussi de ce rapport déterminé d'où résulte la connaissance. Dieu est la raison de toute connaissance. En effet, il est la raison du moi entier, par conséquent aussi de ce rapport qui constitue la connaissance propre du moi. Il est encore la raison de tout ce qui n'est pas moi, par conséquent de toute connaissance transcendante et même de la connaissance que nous avons de Dieu et de la faculté que nous avons de le considérer comme la raison du moi et de la connaissance du moi. Il est, enfin, la raison de la connaissance que nous avons d'objets et d'êtres individuels qui subsistent au dehors de nous. En effet, il est la raison du monde physique et du monde spirituel, la raison de leur union au sein de l'humanité, la raison de l'union de tout esprit individuel avec un corps individuel, et de cette union déterminée d'où résulte la connaissance du corps et des corps en général. En un mot, Dieu est le fondement ou la raison de toute connaissance, sous quelque rapport qu'on la considère, c'est-à-dire, le fondement du contenu réel de chaque connaissance, le fondement de l'activité intellectuelle de l'esprit, le fondement du rapport de l'esprit connaissant avec l'objet connu.

Nous avons reconnu Dieu comme l'Être un, infini, absolu, qui est et qui contient en soi tout ce qui est, c'est-à-dire, qui est la raison première et dernière de tout être et le *principe absolu* de toute connaissance et de toute philosophie ; et nous avons ainsi atteint le terme de nos recherches dans l'analyse de la faculté de penser et de connaître. C'est en Dieu que s'accomplit l'organisme de la connaissance ; c'est en Dieu que la connaissance trouve à la fois son complément, sa fin, et sa légitimation, sa certitude, son principe, en tant que Dieu est conçu comme élevé au-dessus de toute opposition, au-dessus de l'antithèse de l'existence temporelle et de l'existence éternelle, au-dessus de l'existence supérieure ou sur-essentielle, considérée dans son opposition aux deux modes subordonnés de l'existence, et par conséquent aussi au-dessus de l'antithèse de la connaissance sensible, de la connaissance non-sensible et de la connaissance supérieure et harmonique (1).

Mais la faculté de penser et de connaître n'est qu'une des facultés ou des activités fondamentales que nous avons rencontrées dans l'intuition du moi. Notre sujet, qui est l'analyse du moi, n'est donc pas épuisé; et nous devons encore, pour atteindre à une synthèse complète, poursuivre le développement de la faculté de sentir et de la faculté de vouloir. L'analyse de chacune de ces facultés nous conduira au même résultat que l'analyse de la faculté de penser, et, en même temps qu'elle attestera l'existence de Dieu, elle nous permettra, dans la suite, de mieux comprendre sa nature.

Le *sentiment* exprime, comme la pensée, un rapport dans lequel le moi se trouve soit avec lui-même, soit avec un être ou un objet extérieur. Mais le rapport d'où résulte le sentiment est d'un autre genre que le rapport d'où résulte la connaissance; c'est un rapport de totalité ou d'entièreté dans lequel l'être sentant s'unit, dans son essence entière et dans la totalité de son être, avec l'essence entière de l'objet senti. Ainsi, dans les sentiments physiques, l'objet extérieur se trouve avec le corps dans un rapport de pénétration mutuelle; quand nous sentons la lumière, par exemple, l'objet éclairant est uni, d'une manière complète et indivisible, avec l'organe de la vision; nous ne distinguons pas, dans ce sentiment, si la lumière vient de nous ou si elle vient de l'objet extérieur, nous n'éprouvons qu'un seul sentiment. parce qu'il n'existe, en effet, qu'une seule lumière, et nous sommes, par le procédé de la lumière, entièrement et indissolublement unis à l'essence même de la Nature. Il en est de même des sentiments spirituels; quand nous aimons un homme, nous partageons ses pensées, ses désirs, ses sentiments; nous confondons en une seule vie deux vies distinctes; et quand une idée, par exemple, l'idée du bien, se présente à nous, il faut qu'elle pénètre jusque dans l'intimité de notre essence, qu'elle s'identifie à notre être même, pour qu'elle puisse nous inspirer quelque sentiment. Le sentiment exprime donc, comme nous

(1) *System der Philosophie*, p. 160-228. — *Grundwahrheiten der Wissenschaft*, IX, X.

le disions, un rapport de pénétration essentielle et entière de deux êtres. Mais ce rapport peut être ou *conforme*, ou *contraire* à notre propre essence, à notre propre organisme; par cela même que nous sommes sujets à nous trouver avec un être ou un objet dans un rapport d'essence et de totalité, nous pouvons nous sentir irrésistiblement attirés vers lui ou nous pouvons le repousser de toute l'énergie de notre nature; dans le premier cas, il y a sympathie; dans le second, antipathie : de là, le sentiment du *plaisir* ou de la joie, et le sentiment de la *douleur* ou de la peine. Ces sentiments existent pour le corps comme pour l'esprit. Ainsi, quand au toucher se présente un objet qui flatte l'activité de cet organe, qui affirme et favorise son essence propre, nous éprouvons une sensation agréable, un sentiment de plaisir; quand, au contraire, l'objet est funeste et nuisible à l'organe du toucher, quand il nie son organisme interne, nous éprouvons de la douleur dans cette partie de notre être.

Considérés dans leur *source*, les sentiments peuvent se diviser, comme les notions, en *sentiments sensibles*, temporels, individuels, et en *sentiments non-sensibles*. Les premiers sont éprouvés par le corps, les seconds, par l'esprit. Il peut y avoir harmonie entre ces deux espèces de sentiments, nous pouvons éprouver à la fois, et c'est le cas ordinaire, un bien être physique accompagné d'un contentement spirituel; mais il peut aussi y avoir désaccord entre ces sentiments, nous pouvons être intérieurement satisfaits alors même que nous éprouvons une douleur physique, nous pouvons être tristes en nous abandonnant au plaisir du corps, et ce fait surtout prouve la duplicité de la source à laquelle nous avons ramené nos sentiments et la duplicité de notre existence. — Les sentiments non-sensibles peuvent de nouveau se diviser, comme les notions, en sentiments *éternels, sur-essentiels* ou *absolus*. Ainsi, le sentiment que nous éprouvons quand nous pensons à l'idée de la vertu ou de la beauté, est un sentiment éternel comme son objet. Le sentiment que nous éprouvons en nous comprenant dans notre essence supérieure, en nous déterminant avec liberté dans le temps conformément à notre essence éternelle, à notre idéal, est un sentiment supérieur ou sur-essentiel. Enfin le sentiment que nous éprouvons en nous saisissant dans notre être un et entier, où nous ne distinguons plus l'essence éternelle, l'essence temporelle et l'essence supérieure au temps et à l'éternité, est un sentiment absolu.

On caractérise souvent l'opposition que nous venons de signaler entre les sentiments sensibles et les sentiments non-sensibles par les expressions de sentiments inférieurs et de sentiments élevés, et l'on accorde alors au moi une faculté de sentir à priori et une faculté de sentir à posteriori. Ces expressions sont justes, mais il faut se garder de considérer les sentiments d'un ordre inférieur comme étant mauvais et méprisables en soi, comme étant indignes de l'esprit. Tous les sentiments sont légitimes en eux-mêmes, pourvu que la raison sache les maintenir dans leur sphère propre, en établissant entre eux l'ordre et l'harmonie.

Considérés dans leur *objet*, les sentiments se rapportent soit au moi, soit au non-moi : ils sont *immanents* ou *transcendants*, subjectifs ou objectifs. Ces derniers se rapportent de nouveau soit à *Dieu*, soit au *monde spirituel*, soit à la *Nature*, soit à l'*humanité* comme être d'union et d'harmonie de l'Esprit et de la Nature. Le plus élevé des sentiments transcendants est, sans contredit, le sentiment de Dieu, le sentiment religieux, que la science éclaire et développe en nous et par lequel l'esprit individuel est intimement uni à Dieu. Le sentiment de l'Être ou de Dieu est le sentiment un, infini, absolu, qui contient en soi, d'une manière indistincte, tous les sentiments sensibles, non-sensibles et harmoniques, mais qui n'est lui-même aucun de ces sentiments subordonnés.

Nous voyons ainsi que tout l'*organisme* de nos sentiments se rattache immédiatement au sentiment religieux, comme tout l'organisme de nos connaissances tient à la connaissance de Dieu. Il existe, en effet, une relation intime entre les facultés opposées de l'intelligence et du sentiment. La pensée éclaire le sentiment et le sentiment échauffe la pensée; l'intelligence et le sentiment se pénètrent, comme nous venons de le constater, à tous les degrés de leur développement et de leur existence. Mais par cela même que le sentiment coexiste avec la pensée, chacune de ces facultés est finie en elle-même, c'est-à-dire, limitée par la faculté contraire, et l'on peut dès lors soulever à l'égard des actes du sentiment la question de la cause ou de la raison que nous avons soulevée à l'égard des actes de la pensée. — Le sentiment et chaque sentiment particulier ont leur cause ou leur raison, et ce n'est que par la connaissance de cette raison que le sentiment existe dans toute sa pureté, dans toute son élévation. Celui qui n'a pas reconnu préalablement le fondement des idées du beau et du bien, n'éprouve aucun sentiment pour elles ; celui qui n'a pas la pensée de Dieu, n'a pas non plus le sentiment religieux. Or, si le sentiment a sa raison, tous les sentiments finis, sous quelque rapport d'ailleurs qu'ils soient déterminés, ne sont possibles que par le sentiment de l'infini et de l'absolu, qui les contient et qui est la raison de leur existence, et ce sentiment lui-même, inexplicable par la nature finie du moi individuel, doit avoir, en tant que sentiment, en tant qu'impression subjective, sa raison dans l'*Être infini et absolu*, élevé au-dessus de toute opposition du subjectif et de l'objectif. La réalité du sentiment religieux, c'est-à-dire, la réalité de l'existence de Dieu et de ses rapports avec nous, est donc la condition suprême et nécessaire de la réalité de tous les sentiments particuliers.

L'analyse du sentiment nous conduit donc au même résultat que l'analyse de la pensée, à la certitude de l'existence de Dieu, comme Être un, infini, absolu, supérieur à toutes les antithèses, raison dernière de tout ce qui est ; au rapport de spontanéité que nous soutenons avec Dieu dans l'intelligence, elle ajoute encore un rapport d'essence et de pénétration intime. — Voyons maintenant si l'analyse de la volonté nous conduira à un résultat semblable.

— La *volonté* est cette activité de l'esprit par laquelle le moi, comme être entier, détermine lui-même sa propre activité, c'est-à-dire, réalise dans le temps son essence. L'activité est une *causalité* temporelle ; nous sommes donc cause, en tant qu'être volontaire. L'objet de cette activité est encore une activité, celle de l'intelligence ou du sentiment ; nous sommes actifs dans le sentiment et dans l'intelligence, mais c'est la volonté qui imprime à cette activité une direction particulière et déterminée. La volonté est donc une activité élevée à une puissance supérieure, c'est-à-dire, une activité déterminante d'une autre activité. Si nous demandons maintenant quel est l'être qui détermine la volonté elle-même à l'action, nous trouvons que c'est le moi qui, comme être entier et supérieur (Ur-Ich), se détermine à déterminer son activité ou ses déterminations internes. Cette relation du moi, comme être entier et supérieur, à lui-même, comme être actif et volontaire, constitue la *liberté;* car nous disons que l'esprit a une volonté libre, parce que l'esprit détermine l'activité de l'esprit, parce que nous nous déterminons nous-mêmes à réaliser dans le temps notre essence éternelle, qui est pour nous, le bien. Le *bien*, pour chaque être, consiste, en effet, à réaliser dans le temps son

essence, sa nature; l'esprit se détermine donc au bien, dans la
volonté, il est la cause libre de son bien. L'objet et le but de la volonté
est donc la réalisation de l'essence du moi, la réalisation du bien;
en d'autres termes, la loi morale, éternelle comme notre essence, est
la *loi éternelle* de la volonté. La volonté, bien qu'elle soit libre, est
soumise à la loi du bien, en d'autres termes, la liberté ne réside pas
dans l'affranchissement de la loi morale ou de la loi de la détermination propre, mais dans son accomplissement. Le moi se détermine librement à vouloir le bien, d'après la loi du bien; il pose sa
propre loi, il est *autonome*. Mais pour accomplir sa propre loi, l'esprit doit la connaître. Le moi se détermine donc aussi d'après les *idées*;
ce qu'il veut, il l'accepte, il le reconnaît comme son but, son idéal.
D'où il suit, enfin, que la vraie liberté consiste dans la détermination
propre (*Selbstbestimmung*) qui dirige les activités ou les facultés du
moi sur une œuvre particulière, d'après la loi du bien conforme à
un idéal déterminé.

La liberté est la *forme* de la volonté; son *objet* est le bien, rien que
le bien, c'est-à-dire, la réalisation de son essence éternelle qui constitue, comme nous l'avons vu, un organisme subordonné dans l'organisme absolu et total des êtres et des choses. En réalisant librement
le bien, en effectuant dans le temps le fonds éternel de son essence,
le moi réalise donc librement dans le temps quelque chose d'*absolu*
et de divin, il se rend, dans sa sphère contingente, semblable à Dieu.
La loi absolue du bien peut s'exprimer brièvement en ces termes :
Veux et fais purement et simplement le bien, ou bien, *sois librement
la cause temporelle du bien*. D'où il suit que la libre volonté du bien
est indépendante des incitations du plaisir ou de la douleur, de la
récompense ou du châtiment. Car le *plaisir* est un sentiment qui de
lui-même accompagne la réalisation de notre essence, c'est-à-dire, de
notre bien; et la *douleur* est un autre sentiment qui indique la non-
réalisation de notre essence, le mépris de la loi du bien, d'où résulte
le remords; ces deux sentiments ne sont donc que la conséquence de
la réalisation ou de la non-réalisation du bien et ne peuvent, comme
tels, influer sur la libre volonté de l'esprit. D'un autre côté, la *récompense* est un bien qui n'est obtenu que par la réalisation d'un autre
bien ou par le désir de cette réalisation; elle est donc quelque chose
d'extérieur et de postérieur à la pure volonté du bien; et le *châtiment*
est un mal qui n'est infligé qu'après qu'un autre mal a été commis ou

voulu; il est donc aussi quelque chose d'extérieur et de postérieur à la simple exécution du mal. Le bien doit être réalisé en lui-même, dans la seule considération du bien, c'est-à-dire, d'une manière absolue, indépendante de toute considération étrangère. Mais en écartant le plaisir et la douleur de l'accomplissement pur et simple de la loi morale, nous ne prétendons nullement que la douleur et le plaisir soient contraires à notre essence, à notre nature; nous avons reconnu, au contraire, que le plaisir témoigne de la réalisation de notre essence, et la douleur, de sa non-réalisation, et qu'il est par conséquent dans la nature de l'être fini d'éprouver du plaisir et de la douleur. Nous n'avons pas à rougir d'éprouver de la joie, ni à nous enorgueillir d'éprouver de la douleur; la loi morale n'est pas ennemie d'un plaisir pur, ni amie d'une souffrance sans but; elle est par elle-même indépendante du plaisir et de la douleur, qui l'accompagnent, qui sollicitent la volonté, mais qui ne doivent jamais la déterminer.— La libre volonté du bien est également indépendante de la *réussite* ou de la *non-réussite* de l'acte moral. Il suffit que l'acte soit en lui-même et dans les circonstances données, conforme au bien, pour qu'il doive entraîner notre volonté; vouloir le bien et employer toutes nos forces à le réaliser, est une obligation interne, c'est le seul fait moral qui nous appartienne, qui dépende de notre volonté et de notre liberté; mais le succès ou l'insuccès dépend de l'enchaînement des choses qui nous entourent et appartient à la causalité éternelle et temporelle de Dieu. Enfin, la détermination morale est encore indépendante de la question de la *mortalité* ou de l'*immortalité* de l'esprit, car l'obligation morale existe pour nous par cela seul que nous avons la conscience de notre existence et de notre activité actuelles (1).

La volonté, considérée comme l'activité de l'esprit dirigée vers le bien, renferme donc quelque chose d'*absolu*, aussi bien que le sentiment et la pensée. Nous pouvons nous proposer dans la conscience, de parfaire, d'une manière absolue, la loi absolue du bien. Il y a plus; nous avons irrésistiblement le *désir* de l'infini et de l'absolu. Quelque grand que puisse être notre bonheur, nous surprenons encore dans notre conscience des désirs qui nous portent au delà de tout ce que nous pouvons jamais atteindre. Or, ces désirs, inexplicables par la nature finie du moi individuel, supposent, en tant que

(1) *System der Philosophie*, p. 229-246.

déterminations internes et subjectives du moi individuel, une *raison* infinie et absolue qui contienne à la fois le sujet et l'objet du désir; et cette raison elle-même implique l'existence d'un *Être infini et absolu* qui est à lui-même et pour lui-même l'objet de ses désirs et de ses actes, de ses sentiments et de ses pensées. C'est en Dieu seulement que nos désirs et nos actes, aussi bien que nos pensées et nos sentiments atteignent leur complément, leur terme et leur sanction suprême. L'existence de Dieu est la condition nécessaire de la réalité de la loi morale, de la vérité de tout ce qui est infini et absolu en nous.

Nous sommes ainsi conduits dans l'unité, dans la variété et dans l'harmonie de nos trois facultés fondamentales, c'est-à-dire, dans la plénitude de notre être, à la certitude de l'existence de Dieu, comme l'Être un, infini, absolu, qui contient en soi le monde et tous les êtres finis et qui est la raison de leur existence. Dans l'ordre de notre exposition, nous sommes donc amenés à la *partie synthétique* du système de Krause, dont nous présenterons les doctrines principales nécessaires à l'intelligence de ses conséquences pratiques.

5. PARTIE SYNTHÉTIQUE.

La partie synthétique du système de Krause comprend quatre parties. La première examine ce que Dieu est par rapport à lui-même (*an sich*), quelle est sa nature, quels sont ses *attributs*. La seconde expose ce que Dieu est dans son *intérieur* (*in sich*); elle contient la doctrine de l'univers, envisagé dans ses deux ordres coordonnés, l'Esprit et la Nature, et dans l'harmonie intérieure de ces deux ordres, c'est-à-dire, dans l'humanité. La troisième partie combine ce que Dieu est en lui-même et ce qu'il est dans son intérieur; elle expose les *rapports* fondamentaux qui existent entre Dieu et l'univers. La quatrième partie, enfin, développe l'organisme divin de toute essence dans l'organisme de la science humaine; elle jette la base de toutes les sciences particulières. Ces quatre parties du système de Krause sont sans cesse développées l'une par l'autre, d'après le principe fondamental que tout étant dans tout, toute essence, toute catégorie doit être rapportée à toutes les autres catégories, et toutes les combinaisons combinées encore avec toutes les autres combinaisons. Ce principe, compris dans la lumière supérieure de la certitude, donne à la doctrine de Krause une physionomie toute particulière, en ce sens que, loin de proscrire toute investigation ultérieure, il laisse, dans la sphère d'action du système définitif de la science humaine, une latitude indéfinie à l'activité des esprits : il implique, en effet, que la vérité une et absolue est un *organisme infini de vérités* qu'il ne sera jamais donné à aucun homme ni à aucune humanité de parfaire dans toute sa variété, dans toute sa richesse (1).

Exposons d'abord la doctrine de Dieu considéré en lui-même, dans sa nature, dans ses attributs.

Dieu est l'*Être*, il est *Celui qui est*. Dieu et l'Être sans restriction sont des termes synonymes. Mais en demandant ce que l'Être est, nous trouvons son *essence*. L'essence divine comprend tous les *attributs*, toutes les qualités qui sont immédiatement donnés par l'Être. Or les attributs ou les essences particulières contenues dans l'Être sont d'abord l'*unité*, par laquelle Dieu est un, dans tout son être et dans toute son essence. L'unité divine est donc avant tout une unité d'essence, dont l'unité numérique est l'expression formelle. Dans l'unité, nous trouvons ensuite, comme deux attributs du même ordre, l'absoluité et la totalité. En effet, Dieu étant l'Être unique est absolument toute essence; il n'existe aucun être, aucune essence en dehors de lui : il est lui-même toute essence. D'où il suit que l'essence divine n'est limitée ou conditionnée par aucune autre, qu'elle est elle-même la condition de tous les êtres et de toutes les essences, c'est-à-dire, qu'elle est absolue. Dieu est en soi et par soi tout ce qui est essentiel; ne reconnaissant aucun être, aucune essence en dehors de lui-même, il est *absolu*. L'absoluité est donc l'expression négative qui désigne le *soi* divin, c'est-à-dire, l'attribut de la *séité* (*Selbheit*) (2). En vertu de son unité, Dieu est encore *toute* essence, il est la *totalité* universelle. La totalité est donc le second attribut renfermé dans l'unité. Pour désigner cette qualité, on se sert communément de l'expression négative de l'infinité, et l'on dit que Dieu est *infini*, parce qu'il embrasse tout ce qui est et qu'il est présent partout. Dieu est donc l'Être un,

(1) Nous exposerons la partie synthétique d'une manière plus libre que nous n'avons développé la partie analytique. Nous ne nous attacherons pas exclusivement aux ouvrages de Krause, nous puiserons également dans le *Cours de Philosophie* et dans les leçons de métaphysique données à l'université de Bruxelles par M. Ahrens.

(2) Nous ferons remarquer encore que le mot de *séité*, indispensable en lui-même, a également été employé par M. Bautain, dans son *Cours de Psychologie*.

infini, absolu. Maintenant, ces deux attributs de la séité et de la totalité, de l'absoluité et de l'infinité, se pénètrent dans l'unité et par
l'unité, et doivent par conséquent être rapportés encore l'un à l'autre.
Dieu est donc l'Être *infiniment absolu* et *absolument infini*. Cette vérité
est d'une haute importance, car nous verrons qu'il existe dans le monde
divers ordres ou degrés de l'infinité. Mais Dieu les dépasse tous infiniment et absolument. Il est la puissance absolue de l'infinité.

Les deux attributs fondamentaux de la séité et de la totalité sont
dans l'unité; mais ils ne l'absorbent pas plus qu'ils ne peuvent la détruire. L'unité reste supérieure à eux, et comme il faut aussi rapporter à cette supériorité d'essence les deux attributs coordonnés, *l'unité
divine est infiniment et absolument au-dessus de la séité et de la totalité*. Ainsi, Dieu existe, dans l'unité supérieure de son essence, infiniment et absolument au-dessus de tout ce que, par son absoluité, il
peut engendrer de relatif ou de contingent, et de tout ce qu'il peut
embrasser de fini ou d'individuel, par son infinité.

Enfin, l'infinité et l'absoluité étant coordonnées entre elles sont
harmonisées par l'unité supérieure qui les contient l'une et l'autre.
L'*harmonie* de l'essence divine est la qualité qui réunit dans l'unité la
dualité ou les deux essences fondamentales de l'infini et de l'absolu.

Telles sont les essences substantielles et ontologiques qui sont la base
de toutes les autres. Tout ce qui peut être conçu en Dieu doit être
conçu sous les attributs de l'unité, de l'infinité, de l'absoluité, de l'unité
supérieure et de l'harmonie (1). Maintenant, puisque tous ces attributs
sont en Dieu et par l'essence divine, qui ne reconnaît aucune autre
essence en dehors d'elle-même, ils existent aussi *pour Dieu* et doivent
être rapportés, dans leur unité totale, à l'être et à l'essence de Dieu.
Or, ce rapport intime de Dieu, comme Être, à tous ses attributs, à
toutes les essences qui sont en lui, constitue la *personnalité* divine,

_____

(1) Après avoir développé les attributs substantiels de Dieu, qui expriment
ce que Dieu est, en *quoi* consiste son essence, Krause examine le *mode* d'être, la
forme ou le *comment* de l'essence divine, et il trouve alors les qualités modales
qui correspondent aux qualités substantielles. Ensuite la forme d'essence est com-
binée avec l'essence substantielle, d'où résulte l'*existence* dans ses divers modes ;
car on appelle existence l'essence qui revêt une forme, qui est formée, posée,
affirmée. Tous les attributs divins qui sont fondés sur ces combinaisons sont une
application rigoureuse des catégories que nous avons rencontrées dans la partie
analytique. (*Voyez* p. 50, s.)

qui résume pour Dieu son être entier. Dieu seul est pour soi d'une
manière infinie et absolue, Dieu se rapporte entièrement à soi, car
il n'y a pas d'autre être en dehors de lui, auquel il puisse se rapporter ; toute son essence est pour lui, et ce rapport est tout intérieur.
La personnalité divine n'est donc pas limitée et conditionnelle, comme
celle des êtres finis, qui n'en est qu'une image imparfaite ; et comme
elle est *une*, il est faux de dire que Dieu n'arrive à la conscience de
lui-même que dans l'esprit de l'homme. La conscience personnelle de
l'homme n'est possible que par celle de Dieu. Mais comme la conscience
de Dieu embrasse en unité toute son essence, elle doit s'étendre sur
tous les ordres de l'univers ; et si l'on considère la Nature et l'Esprit
comme les deux ordres principaux du monde, la conscience de Dieu
doit être à la fois une conscience une et identique et de la Nature et
de l'Esprit. Dieu est, en effet, la raison une et absolue, le principe
de tous les degrés et de toutes les manifestations de l'existence, et la
raison divine se reflète simultanément dans l'Esprit et dans chaque
esprit individuel, où elle produit l'organisme des idées et des vérités
absolues, dans la Nature et dans chaque corps particulier, où toutes
les parties sont agencées organiquement d'après un ordre rationnel.
Or la conscience ou la personnalité divine embrasse tout ce qui est
en Dieu, tout ce dont Dieu est la raison. Elle n'est donc ni purement
spirituelle ni purement naturelle ; elle est, en tant que rationnelle,
supérieure à la distinction de l'Esprit et de la Nature ; elle est une,
infinie, absolue.

Dans cette conscience infinie, toutes choses sont présentes à Dieu ;
la *toute-présence* de Dieu est donc d'abord une présence de tous les
êtres en lui et pour lui ; ensuite Dieu est aussi présent par son essence
et sa conscience dans tous les êtres, et c'est cette présence essentielle
et consciente de Dieu dans nos esprits qui est, comme nous l'avons
vu, la raison première de l'idée que nous avons de Dieu.

Mais le rapport de toutes les choses à Dieu comme à un être qui existe
en soi et pour soi s'opère aussi sous la prédominance des deux attributs suprêmes, de la séité et de la totalité. Or, en analysant la pensée
et le sentiment, nous avons remarqué que la pensée se manifeste sous
le caractère de la séité, et le sentiment sous le caractère de la totalité,
parce que, dans la pensée, nous saisissons spontanément les choses
dans leur distinction, dans leur nature propre, dans leur séité, tandis
que, dans le sentiment, nous saisissons une chose comme un tout

indistinct et que nous l'assimilons à la totalité de notre être; et nous avons vu que, dans la pensée comme dans le sentiment, les choses sont véritablement présentes en nous. Ici nous remarquons que la présence de toutes choses en Dieu et pour Dieu se fait, quoique d'une manière infinie, sous les mêmes caractères de la séité et de la totalité. Dieu est donc, sous le rapport de la séité, *pensée* infinie et absolue, et sous le rapport de la totalité, *sentiment* infini et absolu. Comme pensée infinie, il est l'*omniscience*, en même temps que *prévoyance* et *providence* pour tout ce qui est fini; comme sentiment, il est le cœur infini, l'*amour* infini, qui s'unit à tous les êtres, pour vivre avec eux dans une intime et mutuelle pénétration.

—. Après avoir conçu les attributs essentiels de Dieu, qui se résument en lui et pour lui, dans la personnalité infinie et absolue, nous avons à déterminer plus en détail les *modes d'existence* de Dieu désignés par l'*éternité*, la *vie* et l'*existence supérieure* ou *sur-essentielle*. A ces modes se rapportent autant de genres d'idées que l'esprit humain peut concevoir et qui se trouvent réalisés dans sa propre nature.

Dieu est d'abord l'*Être éternel*; et tous ses attributs que nous avons constatés sont empreints du caractère de l'éternité. Éternel est ce qui est au-dessus de toute variation; l'éternel n'est pas le temps infini, la durée sans limites, l'éternel est au-dessus et en dehors du temps et de la durée, il est la condition même du temps. Dieu est éternel par son essence infinie, absolue, toujours la même, identique, immuable; il est éternel dans ses propriétés fondamentales qui constituent le fonds de son essence. Il est, par son éternité, la source de toutes les *lois* éternelles, immuables, nécessaires, qui gouvernent tous les domaines de l'existence, le monde physique et le monde spirituel. L'éternité est la raison même de la *nécessité*. Car nous appelons nécessaire ce qui ne peut être que d'une seule manière, ce qui n'admet pas d'alternative et ne permet pas de choix, ce qui est immuable. L'Être éternel et immuable est donc aussi l'Être nécessaire. Dieu ne peut pas ne pas être, ou être autrement qu'il n'est dans sa nature éternelle. Toute son essence, tous ses attributs sont nécessairement donnés dans son être et par son être. Dieu est tout ce qui peut être dans sa nature éternelle, dans l'organisme absolu de son existence, par un seul pouvoir immuable et nécessaire : il est la puissance absolue, il est l'Être au regard duquel il n'existe ni présent, ni passé, ni futur.

Dieu est encore la *vie*. La vie est constituée, d'une part, par le prin-

cipe substantiel de l'éternité, et d'une autre part, par le principe
formel du changement et de la succession. Car, dans la vie, il y a
toujours un être, un principe qui reste un et identique, dans sa nature
intime, tout en se revêtant de formes différentes, en se manifestant
dans une variété infinie de modes divers. Dieu, dans son essence infinie et absolue, est éternel, immuable, au-dessus du développement
temporel de la vie. Mais l'essence divine est aussi représentée, comme
nous le verrons, dans l'univers, par la Nature et par l'Esprit, qui
dans l'ensemble des êtres individuels sont éternellement constitués par
les attributs de Dieu. Les êtres finis étant encore infinis par leur participation à l'essence divine, ne peuvent réaliser cette infinité que d'une
manière successive, c'est-à-dire, dans le *temps*, forme de la succession ; et comme le principe du changement est en eux-mêmes et qu'ils
existent aussi pour eux-mêmes, en tant qu'êtres individuels et person-
nels, ils sont appelés *vivants*. Or, Dieu étant au-dessus du monde,
comme Être suprême, comme providence et comme personnalité absolue, et étant par son essence dans le monde, qui lui est présent
dans tous les ordres de l'existence, il est aussi en rapport supérieur
de vie avec l'univers, il suit le développement de la vie de tous les
êtres finis, il est présent dans toute vie, bien que sa vie propre et personnelle ne soit pas absorbée dans la vie du monde. Dans cet ordre
supérieur où Dieu existe comme Providence, il vit d'une vie propre,
distincte de celle de l'univers; il y a plus, il est lui-même la source
et le principe de détermination de toute vie.

Dieu est donc plus que l'éternité et la vie, il est l'Être qui, dans
son *existence sur-essentielle*, détermine sans cesse l'éternité à entrer
dans la réalité de la vie, qui règle la vie sur l'éternité et dans l'éternité, qui fait passer de l'éternité dans la vie ce qui est conforme au
plan universel du monde et ce qui, à chaque moment, est *le mieux*.
Dieu domine donc à la fois l'éternité et la vie; car, ce qui est éternel
ne devient pas actif, ne passe pas dans la vie de soi-même; il présuppose encore un principe *supérieur* qui le détermine à entrer dans
la vie. L'éternel n'est qu'en *puissance d'être* dans le mouvement de
la vie; mais la puissance n'entre en action que par un principe supérieur de détermination. Ainsi, partout où nous rencontrons des lois
éternelles et nécessaires, nous devons admettre un être qui les détermine à sortir leurs effets. Soutenir que le monde est régi par ces lois
elles-mêmes, sans remonter à leur raison supérieure, ne pas recon-

naître que toute loi implique un législateur et un exécuteur, un agent
qui la mette en application, c'est s'arrêter à moitié chemin, c'est
hypostasier les lois, faire des lois mêmes des êtres et imaginer des
divinités fabuleuses en méconnaissant le Dieu unique, qui est la source
de toutes les lois, et qui gouverne par elles toute vie dans l'univers.
Dieu n'est donc pas, comme le conçoit le panthéisme, une substance
pure qui se développe passivement d'après les lois nécessaires de sa
nature, il est l'Être et le principe déterminant pour les lois, il en est
le maître, il en dispose à chaque moment pour l'exécution du plan
qu'il poursuit dans le monde. Toutes les lois, qui sont éternellement
fondées dans l'essence ou dans la nature divine, sont ensuite appliquées par Dieu, dans le temps et dans la vie, à tous les ordres de
l'existence. On peut dire, sous ce rapport, que Dieu exécute ou réalise
son être dans l'infinité du temps, en exécutant les lois qui sont données par sa nature. L'homme aussi a pour mission de réaliser dans le
temps tout ce qui est contenu dans le fonds éternel de son être, mais,
tandis que l'homme, être fini et contingent, rencontre sans cesse des
obstacles et des difficultés dans les circonstances extérieures, dans
les conditions d'où dépend l'accomplissement de la loi éternelle du
bien, Dieu ne reconnaît hors de lui aucune puissance qui puisse
arrêter son action, il n'est lié par aucune condition, il possède, au
plus haut degré, la faculté de réaliser toute son essence (1).

Dieu est donc, dans son existence sur-essentielle, dans son mode
d'être supérieur au temps et à l'éternité, *infiniment et absolument
libre*. La liberté est la *forme* supérieure de l'action divine, le mode
de réalisation et d'exécution de toutes les lois éternelles et nécessaires
dans la vie ; elle domine tout ce qui est possible, réel et nécessaire
dans le monde. Mais, par cela même, elle ne saurait être en opposition avec la nécessité, parce qu'elle appartient à un autre mode de
l'existence divine. La liberté s'harmonise avec les lois absolues qui
résultent de la nature de Dieu, elle s'exerce sur un fonds immuable,
éternel, nécessaire. Dieu réalise librement son essence, mais rien que
son essence, parce que son essence infinie et absolue embrasse toute

(1) Nous ferons remarquer ici la profonde analogie qui existe entre la doctrine de Dieu et la théorie de l'esprit humain. Les mêmes modes d'existence que
nous trouvons pour la Divinité, ont été déjà constatés analytiquement dans le
moi. L'esprit humain se montre ainsi dans son être et dans son existence comme
une véritable image de la Divinité.

essence particulière ; il ne peut agir que selon ce qu'il est, il exécute les lois de sa nature; sa volonté, comme sa pensée et son amour, se rapportent essentiellement à lui-même. La liberté divine n'est donc pas l'arbitraire, la faculté de se dégager de toute loi, mais la faculté infinie et absolue d'accomplir toutes les lois et de les appliquer à chaque moment de la durée conformément au plan éternel et temporel du monde. Dieu veut infiniment et absolument le bien, la justice, la vérité, l'ordre, l'harmonie, parce que ces qualités sont l'expression de son être même, mais il ne saurait vouloir le mal, l'erreur, le désordre, qui marquent, dans les êtres finis et contingents, un défaut de puissance et de liberté, et qui, par conséquent, ne peuvent appartenir à Dieu.

C'est donc dans cette sphère d'existence supérieure que Dieu vit d'une vie propre, libre, personnelle ; c'est dans cette sphère que Dieu réalise le plan qu'il conçoit à chaque moment comme le meilleur ; c'est de cette sphère, où se déploie librement la volonté divine, que vient toute impulsion, que ce qui est éternel reçoit son incitation, son principe fécondant; c'est dans cette existence supérieure que Dieu dispose les voies d'intervention et d'action dans toute vie individuelle ; c'est là que se trouve la source de la grâce qui est un rapport de liberté de Dieu à l'homme (1).

Nous avons vu que Dieu est l'Être un, infini, absolu. L'*unité* est l'attribut suprême par lequel toute essence est unie en Dieu ; mais les deux attributs de l'*infini* et de l'*absolu* constituent un *dualisme* primitif qui se montre ainsi dans l'être intérieur de Dieu. Ce dualisme ne peut pas être réduit à l'unité; il est dominé par elle, mais il n'en reste pas moins distinct; car l'infini ou la totalité et l'absolu ou la séité sont deux attributs primitivement opposés ou coordonnés entre

(1) Les germes de la conception de Dieu comme Être suprême (Urwesen) se trouvent déjà dans plusieurs philosophes chrétiens.

Saint Denis l'Aréopagite dit, dans un ouvrage qu'on lui attribue : *Est (Deus) omnia, tanquam causa omnium, et in se omnia principia, omnes conclusiones entium omnium continens et ante obtinens, ac supra omnia est, tanquam ante omnia* SUPERESSENTIALITER SUPEREXISTENS. (DE DIV. NOMIN., cap. V.)

Scot Érigène dit également : *Deus de nihilo (hoc est de ineffabili et incomprehensibili divina natura) faciens omnia, de sua* SUPERESSENTIALITATE *omnes effectus producit, et de sua* SUPERVITALITATE *omnes vitas, et de sua* SUPERINTELLECTUALITATE *omnes intellectus.* (DE DIVIS. NATUR., *Ed Salcus,* t. III, p. 127, s.)

eux et qui sont immédiatement aperçus dans l'Être après l'unité.
Donc, quoique Dieu soit un, il y a une dualité d'être en lui,
c'est-à-dire, dans l'Être unique de Dieu sont contenus *deux Êtres*,
dont l'un représente, non pas d'une manière exclusive mais seulement prédominante, l'attribut divin de l'infini ou de la totalité, et
l'autre, l'attribut divin de l'absolu ou de la séité. Il y a donc en Dieu
un dualisme, non-seulement dans le mode de manifestation de l'essence, mais dans l'essence et par conséquent dans l'être même de
Dieu. Mais il ne peut pas y avoir plus de deux Êtres en Dieu, parce
qu'il n'y a pas plus de deux attributs fondamentaux opposés du premier ordre : toute variété d'êtres doit se laisser ramener à ces deux
Êtres principaux en Dieu.

Or les attributs opposés de l'infini et de l'absolu sont précisément
les caractères prédominants de la *Nature* et de l'*Esprit*, et par conséquent l'Esprit et la Nature, expression complète des attributs divins,
sont les deux Êtres que nous venons de constater dans l'unité absolue
de l'Être. C'est ce que nous allons vérifier dans l'observation. Mais,
pour porter plus de clarté dans nos considérations, nous nous servi-
rons des expressions positives de la *totalité* et de la *séité*, qui sont,
comme nous l'avons vu, les notions affirmatives par lesquelles on doit
remplacer les expressions négatives de l'infini et de l'absolu.

Le caractère de la totalité ou de l'infini se manifeste partout dans
la *Nature*. Tout ce qui existe en elle est déterminé et formé à la fois
dans un ensemble d'espace, de temps et de forces. La Nature forme
en même temps et par une même action créatrice, le soleil comme
le grain de sable, la mer et chaque goutte d'eau, dans une œuvre
totale et unique ; elle produit tout en rapport avec tout, de manière
que toutes choses sont enchaînées entre elles et rigoureusement dépendantes les unes des autres dans l'organisme universel. De plus, chaque
être particulier est encore déterminé dans toutes ses parties à la fois : la
Nature développe bien une ou plusieurs parties du corps d'une manière
prédominante, mais jamais d'une manière isolée ; elle ne saurait
former une tête sans les autres parties du corps ; c'est toujours l'être
entier qui est déterminé et développé dans tous les éléments qui
le composent. Dans la seule feuille d'un arbre, il y a encore mille
détails qui sont déterminés simultanément dans leur rapport avec l'arbre entier. Dans l'Esprit une telle détermination n'existe pas. Il peut
développer chaque partie de son être isolément, ce qui est impossi-

ble pour la Nature. Nous voyons donc que la Nature se présente sous le caractère de la totalité ou de l'entièreté, qui est en même temps celui de l'enchaînement, de la continuité et de la détermination de toutes les parties dans leur ensemble.

Dans l'*Esprit*, au contraire, tout se manifeste sous le caractère de la spontanéité ou de la séité. Les esprits individuels existent aussi dans un tout supérieur, qui est l'Esprit universel dont nous parlons, et cet Esprit supérieur se montre également en tous, mais les individus n'en reçoivent l'influence que pour autant qu'ils en acquièrent par leur spontanéité. L'Esprit est toujours ce qu'il est par ses efforts propres, individuels : il ne va pas croissant comme la plante, par une force continue et nécessaire, il est libre dans son développement; chacune de ses facultés est indépendante des autres et peut recevoir une culture spéciale. Dans la Nature, rien ne se trouve brisé, séparé, isolé; chaque objet qu'elle forme est un tout dont toutes les parties sont organiquement liées et déterminées avec tout; l'Esprit, au contraire, peut tout rendre spontané, tout séparer, isoler; il peut mettre toutes les parties en opposition l'une avec l'autre, la pensée avec le senti-ment, le sentiment avec la volonté; il peut concevoir toutes choses séparément, en elles-mêmes, en négligeant leurs rapports avec les autres choses. Et c'est en concevant les choses isolément, qu'il peut tomber dans l'erreur, qui naît principalement des vues exclusives. La Nature ne se trompe pas de cette manière : l'ensemble dominant généralement la partie, tout en elle reste dans les justes rapports de coordination et de subordination. Mais l'Esprit peut, à l'aide des parties qu'il a séparées, exécuter les plus singulières combinaisons, il peut imaginer des êtres qui ne sauraient jamais exister dans la Nature; il peut cesser une œuvre quand il le veut, se transporter d'une pensée à une autre, prendre une nouvelle résolution, par son caractère de spontanéité. La spontanéité est ainsi la raison de sa li-berté; car la liberté consiste précisément dans le pouvoir de com-mencer une série d'actes qui n'ont pas leur raison dans ceux qui précèdent. L'Esprit ne suit, en toutes circonstances, que l'impulsion de sa spontanéité et de sa liberté, tandis que la Nature, quand elle a commencé une œuvre, doit l'achever et former un tout complet (1).

Mais les attributs de totalité et de séité qui résument la substance

(1) *Cours de philosophie* de M. Ahrens, t. II, leçons 10e et 12e.

de la Nature et de l'Esprit, n'existent dans chacun de ces êtres que d'une manière *prédominante*, sans exclure l'attribut opposé. Dans la Nature, la spontanéité est encore dans la totalité, comme dans l'Esprit, la totalité est encore dans la spontanéité. C'est ainsi que ces deux Êtres peuvent se réunir et se compléter. La Nature et l'Esprit montrent éternellement une *tendance* vers l'union, parce que chacun de ces êtres est incomplet en lui-même et qu'il est destiné à se compléter par l'autre, dans l'unité supérieure de Dieu. La Nature cherche l'Esprit, et l'Esprit cherche la Nature. En d'autres termes, dans la Nature, sous le caractère prédominant de la totalité, se manifeste la tendance vers la spontanéité, vers l'*individualisation*; et dans l'Esprit, sous le caractère prédominant de la spontanéité et de l'individualité, se manifeste la tendance vers la totalité et vers l'*organisation*. La Nature cherche à représenter la spontanéité dans la totalité, et l'Esprit, à représenter la totalité dans la spontanéité. Quant à la Nature, cette tendance est manifeste. Tout en elle existe dans un même acte universel, et cependant dans cette totalité, la Nature cherche sans cesse la particularisation, l'individualisation, dans chacun de ses règnes; mais aussitôt qu'elle a atteint cette forme, elle est obligée de la détruire. La Nature, dit Gœthe, semble avoir tout prédisposé pour l'individualité, et cependant elle ne tient aucun compte des individus. L'Esprit, de son côté, tend vers la Nature, c'est-à-dire, cherche à représenter dans chacune de ses productions le caractère de la totalité. D'abord, tous les esprits individuels sont portés et destinés à se réunir dans un tout supérieur, à associer leurs forces isolées; la sociabilité est une tendance commune à tous les esprits, et dans cette association l'ordre de la Nature est même un modèle pour l'ordre libre à créer par l'activité humaine. En second lieu, cette tendance se manifeste dans les deux œuvres fondamentales de l'Esprit, dans la *science* et dans l'*art*. L'Esprit cherche à combiner toutes les idées, toutes les conceptions dans un tout systématique, dans un ensemble enchaîné : la totalité dans la science doit toujours prédominer sur les opinions individuelles. Mais cette totalité est encore plus fortement représentée dans l'art. Dans l'art, il doit y avoir pénétration complète du tout et de la partie, tandis que dans la science, le tout énoncé par les principes reste distinct de chacune des parties subordonnées. L'art porte ainsi un caractère plus naturaliste, la science un caractère plus spiritualiste. De même que dans la Nature, les principes sont immanents, confondus avec les choses, de même dans l'art, l'idée ou le principe n'existe que dans sa représentation, dans sa forme. C'est donc par l'art que l'Esprit se rapproche le plus de la nature. On peut dire que l'art est et représente la Nature dans l'Esprit.

La Nature, douée aussi de spontanéité, possède toutes les qualités qui résultent de cet attribut, mais d'une manière conforme à son caractère propre. Elle a une intelligence, un esprit, mais une intelligence liée et non spontanée, elle se connaît et se sent dans sa totalité, elle a la conscience de son œuvre. Les idées qui sont exprimées ou réalisées dans la Nature n'existent pas seulement pour l'Esprit, elles existent aussi pour la Nature. La Nature a comme l'Esprit une existence propre et une destination particulière. Mais ces deux existences tendent sans cesse l'une vers l'autre et cherchent à s'unir dans l'unité supérieure de Dieu. C'est par cette unité que tous les deux célèbrent éternellement la plus haute et la plus intime union en Dieu, et de cette union résultent dans l'un comme dans l'autre des productions, des créations que ni la Nature ni l'Esprit n'auraient pu former séparément. L'Esprit réalise ses idées dans la Nature ; il embellit sa vie, il combine, il transforme ses œuvres d'après les lois naturelles, il élève la Nature au-dessus d'elle-même.

Dieu contient donc en soi l'Esprit et la Nature, comme représentants de ses deux attributs fondamentaux, l'absolu et l'infini. Il y a en Dieu une dualité intérieure, une dualité d'êtres, qui sont opposés entre eux et subordonnés à l'unité supérieure de Dieu, et qui trouvent dans cette unité la raison de leur union et de leur pénétration mutuelle. Dieu vit également dans l'Esprit et dans la Nature. La dualité de l'essence divine n'est donc pas une dualité de bien et de mal, une dualité de principes, mais une dualité de coordination et d'égalité dans l'unité absolue du principe ou de Dieu. La Nature n'est pas le mauvais principe, comme l'ont soutenu quelques mystiques. La Nature est un être aussi divin que l'Esprit, parce qu'elle représente un attribut divin qui est du même ordre que celui qui est exprimé par l'Esprit. La Nature et l'Esprit sont donc du même ordre d'essence et d'existence ; la Nature est l'égale et la compagne de l'Esprit dans la vie infinie ; et tous les deux sont destinés par leur essence à se pénétrer dans tous les rapports et à rajeunir sans cesse par le changement continuel de leurs rapports intérieurs, la vie de l'univers. Ni l'Esprit en général, ni aucun esprit particulier ne sera jamais en dehors des rapports avec la Nature; l'Esprit, tout en étant un monde particulier, n'existe et ne peut pas exister séparé de la Nature; c'est son union avec elle qui rend sa vie complète et universelle. Sans ses rapports avec la Nature, il serait plutôt une abstraction qu'un être vivant du monde. Mais les rapports de l'Esprit avec la Nature sont infiniment variés; et comme il y a des degrés de vie dans ces deux êtres, il y aura aussi nécessairement des degrés de combinaison dans leurs rapports : ce serait un manque de réflexion que d'admettre, sans un examen plus approfondi, que les esprits ne puissent pas entrer avec la Nature dans des rapports plus élevés que ceux que nous connaissons dans notre vie actuelle.

L'union de l'Esprit et de la Nature forme en Dieu un *Être d'harmonie*, dont l'humanité est la manifestation la plus haute, la plus intime et la plus complète. L'humanité est ainsi, comme le démontre encore l'analyse comparée de l'esprit et du corps des hommes et des animaux, la véritable couronne de la création et la plus parfaite synthèse de tous les éléments qui forment l'univers. L'humanité comprend tous les esprits finis qui sont, en nombre infini, unis à des corps organiques supérieurs et unis à Dieu, comme Être suprême. Elle est essentiellement *une* en Dieu, parce que son idée est une, c'est-à-dire, parce qu'il ne peut exister qu'une seule harmonie complète de l'Esprit et de la Nature dans le monde fini et conditionnel, comme il ne peut exister qu'une seule harmonie supérieure de l'Esprit et de la Nature conçus dans toute leur infinité, dans leur être entier et non dans leurs combinaisons internes et subordonnées; en d'autres termes, l'humanité, comme être d'harmonie intérieure, est une, parce que Dieu, comme être d'harmonie absolue, est un. L'humanité est donc faite à l'image de Dieu, dans toute la rigueur de l'expression. Elle s'assimile et résume en elle tous les éléments divins qui sont répandus dans le monde physique et dans le monde spirituel; elle les connaît, les aime et les veut comme divins, et, pénétrée du sentiment intime de sa dignité, elle aspire à imiter Dieu dans ses actes, dans sa providence, en s'élevant au-dessus du mal et de l'erreur, en les détruisant progressivement au moyen des attributs d'infini et d'absolu auxquels elle participe par la raison. L'humanité, comme être d'harmonie intérieure de l'Esprit et de la Nature, est encore *infinie* dans son genre, parce que l'Esprit et la Nature, infinis dans le temps et dans l'espace, doivent aussi se combiner et s'unir d'une manière infinie partout où ils

manifestent leur existence, c'est-à-dire, dans l'infinité de l'espace et
du temps. Elle est donc aussi éternelle, immortelle. Intimement unie
à Dieu, elle est marquée du cachet de son éternité, et tend éternellement vers lui pour s'unir à lui dans la plénitude de sa vie, sans
pouvoir jamais réaliser toute son essence. Mais, quoique infinie
dans son genre, l'humanité reste distincte de l'Esprit et de la Nature,
elle n'est pas absolument infinie, elle est soumise à la loi des êtres
finis, aux formes du temps et de l'espace. Elle déploie sa vie éternelle
dans des *périodes* déterminées du temps, qui vont s'élargissant sans
cesse, et dans des *sphères* déterminées de l'espace, où l'humanité entre
dans des conditions externes de plus en plus heureuses et favorables
à l'accomplissement de sa destination entière.

L'humanité renferme de nouveau deux êtres caractérisés par les
attributs opposés de l'Esprit et de la Nature : ce sont l'*homme* et la
femme. Chez l'homme prédomine le caractère de la spontanéité; chez
la femme, le caractère de la totalité. Ces caractères se montrent également dans la constitution physique et dans la constitution animique
de l'homme et de la femme. Ainsi, dans l'homme se manifestent les
formes saillantes, aiguës; dans la femme, les formes arrondies, unies,
moelleuses. Ainsi encore, à l'homme sont particulièrement réservés
les travaux intellectuels, la culture des sciences et leur application
à la vie pratique; à la femme est réservée la vie plus intime et plus
douce du sentiment, embellie par la culture des arts. Mais ces caractères ne s'excluent pas, ils s'expriment seulement d'une manière prédominante dans la double face de la vie humaine et de la vie universelle.

De même que l'Esprit et la Nature, coordonnés et parallèles en Dieu,
sont du même rang, de même l'homme et la femme réalisent également l'essence de l'humanité. Et de même que l'Esprit et la Nature
s'unissent et se complètent mutuellement à tous les degrés de l'existence, de même l'homme et la femme sont destinés à s'unir et à se
compléter sous tous les rapports, à former un *être d'union* subordonné
dans l'humanité.

L'Esprit, la Nature et l'humanité, comme être d'harmonie, sont
les êtres principaux de l'univers. Nous avons vu que ces êtres et le
monde tout entier sont en Dieu. Il nous reste à examiner le *comment*
ou la forme de ce rapport de Dieu avec le monde et avec les êtres
individuels.

Le rapport du monde à Dieu est un *rapport de raison*, un rapport de contenance rationnelle. Le monde, avec tous les éléments qui le constituent, dans toute la variété de son existence, est contenu en Dieu, parce que Dieu est la raison de tout ce qui est fini ou déterminé à certains égards, la raison de la Nature, de l'Esprit et de l'harmonie de l'Esprit et de la Nature au sein de l'humanité. Le rapport du monde à Dieu n'est donc pas un simple rapport de volonté et d'intelligence, mais un rapport plus intime d'essence et de pénétration, qui ne peut être considéré ni d'une manière purement physique ni d'une manière purement spirituelle, mais d'une manière rationnelle et absolue : le monde et tous les êtres individuels sont rationnellement ou absolument en Dieu, sans être identiques à Dieu. La supériorité d'existence de Dieu sur le monde peut être expliquée, en termes de comparaison, par l'être de l'esprit ou du moi individuel. De même que le moi, en tant que moi-supérieur (*Ur-Ich*), se saisit comme subsistant au-dessus de chacune de ses manifestations, distinct de la variété des parties internes de son être, de même Dieu, comme Être suprême (*Urwesen*), est au-dessus de tout ce qui est en lui, sous lui et par lui, au-dessus et distinct du monde et de tous les êtres finis. La distinction qui existe entre le moi par rapport aux facultés, existe en Dieu par rapport à l'ensemble des êtres qui constituent le monde. Dieu vit donc à la fois dans le monde et au-dessus du monde. Et en tant qu'il vit au-dessus du monde, le monde est aussi en dehors de lui. Dieu, comme Être suprême et raison dernière de toute essence, est infiniment et absolument au-dessus et en dehors de l'universalité des choses.

Le rapport de Dieu avec le monde et tous les êtres finis n'est donc ni un rapport d'identité panthéistique ni un rapport de dualisme. Il n'y a pas identité entre Dieu et le monde, il n'y a pas non plus séparation entre le monde et Dieu. La dualité s'exprime, il est vrai, en Dieu, dans les attributs de l'infini et de l'absolu, et dans le monde, dans la Nature et dans l'Esprit, expression des attributs divins, mais elle n'existe pas entre Dieu et le monde : elle existe dans l'essence divine, et, dans l'essence divine, elle est pénétrée et dominée par l'unité et se résout dans l'harmonie. Et cette dualité essentielle renverse à elle seule l'identité absolue du panthéisme. Il y a unité, sans doute, dans l'organisme absolu de Dieu et du monde en Dieu ; mais cette unité contient en soi une opposition primitive ou une variété interne qui ne peut jamais être absorbée ou détruite, parce qu'elle existe éternellement dans l'essence une et absolue de Dieu. Ainsi, le principe de la dualité en Dieu écarte le panthéisme, et le principe de l'unité écarte le dualisme. Le dualisme et le panthéisme se complètent et se transforment dans le système harmonique de la science. — Appliquons immédiatement ces considérations à la doctrine de la création.

Nous venons de voir que l'Esprit, la Nature et l'humanité, comme être d'harmonie, existent éternellement en Dieu, parce qu'ils sont constitués par les attributs éternels de l'infini et de l'absolu. Or, comme ces êtres universels forment le monde, dans l'infinité des êtres particuliers qu'ils renferment en eux-mêmes, il s'ensuit que le monde existe aussi *éternellement* en Dieu. Mais si le monde existe en Dieu sous le mode de l'éternité, il n'est donc pas, comme le prétend le panthéisme, un *développement temporel* ou une *émanation successive* de l'Être divin; il n'est pas non plus une *création temporelle du néant*, conformément à la doctrine dualiste; mais il est l'éternelle expression des attributs ou de l'essence éternelle de Dieu.

L'idée de la création doit être envisagée à deux points de vue différents, au point de vue du temps et au point de vue de l'éternité. Il y a une création éternelle et, à certains égards, une création temporelle qui appartiennent l'une et l'autre à Dieu, en tant que Dieu est l'éternité et la vie, et qui sont également subordonnées au mode d'existence supérieure de Dieu, comme Être suprême. Or nous avons vu que Dieu, en tant qu'Être éternel, est aussi l'Être immuable et nécessaire, que l'éternité est la région de la nécessité. La *création éternelle* est donc aussi une *création nécessaire*. Dieu veut éternellement son être, et rien que son être. Or son être implique, dans l'unité, une dualité interne et primitive, l'infini et l'absolu, la totalité et la séité, qui sont ensuite unies et harmonisées en Dieu. Dieu est et veut donc éternellement en soi l'Esprit, la Nature, l'humanité et l'infinité des êtres finis qui sont enveloppés dans leur essence et dans leurs combinaisons diverses. Ces êtres subsistent en Dieu, par Dieu et sous Dieu, d'une existence éternelle et nécessaire; ils sont donnés par l'être même de Dieu, qui ne peut pas ne pas être ce qu'il est. La création éternelle n'exprime donc pas un rapport volontaire de causalité, mais un rapport nécessaire de *raison* et de *dépendance*. Expression des attributs divins, le monde n'est pas une chute de Dieu, il dépend de l'être même de Dieu, qui le contient en soi; et cette dépendance du monde vis-à-vis de Dieu est éternelle, absolue, infinie, conformément à l'être de Dieu qui est absolument et infiniment au-dessus du monde. — Cette dépendance a été comprise à une époque où les esprits avaient encore de la difficulté à s'élever au-dessus du temps et de tout ce qui est fini, comme une création temporelle du néant; on était guidé par la pensée, juste en elle-même, d'établir une dépendance absolue du monde vis-à-vis de Dieu; mais, au lieu de la concevoir comme éternelle et vraiment absolue, en la plaçant dans l'essence éternelle de Dieu, on l'établit comme temporelle, arbitraire, contingente, en la plaçant dans une pure volonté; et comme on ne pouvait pas comprendre une raison de détermination de cette volonté, on déclara le fait inexplicable, on le posa comme un dogme religieux.

. Mais si l'idée d'une *création temporelle* est erronée par rapport à l'universalité d'existence du monde, elle trouve une juste application pour tous les domaines *particuliers* de l'univers. La création temporelle se rapporte à la vie de Dieu, qui subit sans cesse, dans ses rapports avec les êtres finis, des modifications intérieures déterminées par l'action libre et volontaire de la raison suprême. C'est avant tout par l'action divine et par l'intervention constante de la sagesse et de la volonté de Dieu, que se forment tous les ordres de l'existence dans leurs rapports réciproques, depuis l'organisme le plus élevé des astres jusqu'au ver le plus infime. La création éternelle elle-même est encore déterminée et voulue rationnellement par Dieu, qui en est lui-même la raison infinie et absolue. Cette formation interne s'opère sans cesse dans l'infinité du temps; l'action créatrice de Dieu ne se repose jamais. Dieu crée en conservant et conserve en créant, parce que la création temporelle s'exerce sur un fonds immuable qui est éternellement donné par la nature infinie de Dieu. Mais dans cette action formatrice; Dieu voit à la fois l'ensemble des choses, et à chaque moment il opère une combinaison infinie d'après le plan qu'il a conçu. Chaque instant qui s'écoule présente, dans l'universalité des combinaisons divines, l'exécution d'un type de perfection, d'un modèle, d'un idéal, que Dieu, dans sa sagesse infinie, conçoit en rapport avec toutes les données contingentes, avec la spontanéité et la liberté des êtres finis. Le monde présente un spectacle toujours nouveau, toujours unique à la vue de l'artiste suprême : il est toujours jeune pour Dieu; et Dieu, source de perfections infinies ne cesse de lui prodiguer des perfections toujours nouvelles. Mais quand on parle du monde,

il faut porter les yeux plus haut que notre terre, il faut élever la pensée à l'infinité des corps planétaires distribués dans l'infinité de l'espace (1). D'où il suit qu'en raison de l'infinité des combinaisons possibles, il existe dans la pensée divine une infinité de modèles, de types
idéels, dont Dieu réalise à chaque instant celui qui est le mieux en
harmonie avec toutes les dispositions existantes du monde : Dieu crée
à chaque moment le *meilleur monde possible*.

La question de la création éternelle nous conduit à la question de
l'*individualité*, que nous avons déjà rencontrée dans la partie analytique, mais que la métaphysique seule peut résoudre d'une manière
complète et définitive, en posant un *principe éternel* d'individualité
pour tous les êtres finis. Envisagée au point de vue du temps, la question de l'individualité est déjà résolue, parce que nous avons placé
dans l'éternité l'univers considéré dans la dualité de son essence divine,
dans l'Esprit et dans la Nature, et dans l'infinité de leurs combinaisons internes possibles. Si le monde est éternellement en Dieu dans
tous ses éléments essentiels, il existe aussi en Dieu un principe éternel
d'individualité. Les êtres finis ne sont donc ni un développement temporel ou une émanation successive de l'Être, ni des formations arbitraires et temporelles de la volonté et de l'intelligence divines ; ils sont,
comme le monde lui-même dont ils forment une partie, éternellement
impliqués dans l'être et dans l'essence de Dieu.

Nous avons maintenant à considérer l'individualité en elle-même.
Nous avons vu que l'Esprit et la Nature sont à la fois infinis et finis :
infinis, dans leur être et dans leur essence propres, finis, l'un par
rapport à l'autre, et tous les deux par rapport à Dieu. Mais, d'après
l'identité de l'essence divine qui embrasse tout et d'après laquelle tout
est dans tout, l'infini doit encore se combiner avec le fini dans chacun de ces êtres divins, et cette combinaison doit s'exprimer alors

(1) Krause, comme on a déjà pu le remarquer, ne réduit pas l'existence d'êtres
organisés à notre chétive terre. D'accord avec toute conscience un peu élevée,
dans laquelle la pensée d'une humanité infinie surgit spontanément à l'étude
des systèmes célestes, il admet la distribution des divers ordres des êtres organisés conformément aux divers degrés du monde sidéral. Loin d'emprisonner,
avec Hegel, Schelling et la plupart des théologiens, l'humanité sur la terre, qui
serait alors le véritable centre du monde, il ouvre l'univers entier aux êtres créés
et confirme ainsi, par la philosophie, les vues et les pressentiments des astro-
nomes les plus célèbres de notre époque.

dans un nombre infini de déterminations infiniment finies. L'Esprit et la Nature, comme êtres substantiels dans leur intérieur, sont infiniment, c'est-à-dire entièrement finis ou déterminés. Ils n'existent pas seulement dans la généralité de l'infini, ils existent aussi comme êtres dans la particularité du fini, dans le mouvement de la vie. Or, ces *déterminations intérieures et finies* de l'Être même de l'Esprit et de la Nature sont ce qu'on appelle des *individus* dans l'ordre physique et dans l'ordre spirituel, c'est-à-dire, des êtres déterminés sous tous les rapports et dans lesquels le fini même est venu à son dernier terme, à l'infini. L'individu est donc la position de l'infini dans le fini, c'est-à-dire l'*infiniment fini*, position qui est éternelle et nécessaire. Mais ces êtres, bien que complétement finis et déterminés, sont encore infinis, ayant à représenter dans leur individualité même et d'une manière particulière, l'essence infinie de l'Esprit et de la Nature. De cette nécessité qui existe pour les êtres finis de manifester toute l'essence infinie des êtres supérieurs qui les contiennent, résulte le *temps,* qui rend possible par le mode de *succession,* ce qui ne peut pas avoir lieu tout à la fois. L'individu est en actualité complétement fini à chaque moment, mais il est infini dans sa puissance d'être. — Nous voyons ainsi que la déduction de l'individualité est parfaitement conforme à la partie analytique. Nous avons reconnu, en effet, qu'il existe dans le moi individuel un élément infini, éternel, et un élément temporel et fini, qui sont ensuite harmonisés entre eux, au moyen du temps, par le moi lui-même comme être supérieur (*Ur-Ich*). Mais ce que nous n'avions constaté que par rapport à notre propre moi, se montre ici comme une vérité universelle et nécessaire, applicable à tous les êtres finis.

La question de l'individualité résout la question de l'*immortalité de l'âme* et de la *vie future.* Chaque être individuel est, pour le fonds de son essence, avant, au-dessus et en dehors du temps; il est éternel, indestructible et persiste éternellement dans son individualité. L'homme ne cesse jamais d'être homme ; quelque forme qu'il puisse revêtir, dans quelque état ou condition qu'il puisse se trouver, il demeure l'être synthétique de la création, l'être d'harmonie intérieure de l'Esprit et de la Nature : il conserve son individualité personnelle. L'animal, de son côté, ne cesse jamais d'être animal, il est impuissant à s'élever à la nature supérieure et harmonique de l'être raisonnable. En conservant, dans la vie future, son individualité personnelle, l'homme

conservera aussi les éléments dont il l'a enrichie par son développement antérieur et qui n'appartiennent pas à l'atmosphère terrestre de
son existence actuelle; il poursuivra avec conscience propre son développement commencé dans cette vie, afin de remplir sa destination
éternelle, dont la destination terrestre est un acte passager. L'homme
sera donc placé dans des conditions plus ou moins heureuses pour la
poursuite de son développement futur, selon le degré de perfection
qu'il a atteint dans cette vie. L'avenir lui appartient au même titre que
le présent. Son sort futur sera nécessairement déterminé par l'usage
qu'il aura fait de ses facultés intellectuelles et morales. Mais les conditions défavorables dans lesquelles l'homme peut se trouver dans la
vie future ne seront que momentanées, comme sa faute elle-même. Le
mode de la peine dépend de la nature de la faute, sa durée dépend
de l'amendement. Quelle que soit la grandeur de ses crimes, l'homme
reste toujours homme, toujours capable de retourner au bien, toujours digne de la pitié et de la miséricorde infinie de Dieu. D'ailleurs,
le mal lui-même a ses limites que le coupable ne peut franchir. Parvenu au dernier terme de la déchéance, l'homme se relève par la
puissance même du bien qui ne permet pas un éloignement absolu
de Dieu.

Nous sommes ainsi amenés à la question du *mal*, qui a sa source
dans l'individualité des êtres finis. Nous examinerons d'abord le mal
en lui-même, puis dans ses rapports avec Dieu et enfin dans ses rapports avec l'homme.

Le mal n'existe pas en lui-même, comme substance ; il n'y a pas un
élément du mal : aucune chose n'est mauvaise considérée en soi, mais
elle peut être viciée dans ses rapports avec les autres choses. Le mal
exprime donc *les faux rapports dans lesquels plusieurs choses, bonnes
en elles-mêmes, peuvent être placées*, soit dans l'ordre physique,
soit dans l'ordre moral. D'où il suit que le mal n'est ni un *principe*,
dans le sens du dualisme, puisque toutes choses sont bonnes en tant
qu'elles manifestent l'essence divine dans le monde, ni une simple
négation, dans le sens du panthéisme, puisque le mal existe effective-
ment et réellement dans les faux rapports ou dans les fausses combinaisons établies entre les choses. Ces faux rapports d'où résulte le mal
dénotent évidemment un être individuel, un être fini, qui, en même
temps qu'il est susceptible de remonter à l'unité et à l'harmonie absolues, où les choses se trouvent dans leurs véritables rapports, peut

aussi, en tant que fini, embrasser les choses dans leur isolement, dans leur particularité, et établir entre elles des rapports contraires à l'ensemble harmonique des êtres. Le mal a donc son *origine* dans l'individualité, dans la *finité* des êtres, qui ne se suffisent pas à eux-mêmes et qui peuvent, en vertu de leur spontanéité et de leur liberté, briser les rapports absolus qui existent entre les choses. La spontanéité et la liberté ne sont pas imparfaites en elles-mêmes, mais elles peuvent devenir, par le mauvais usage qu'on en fait, la cause d'un nombre illimité d'imperfections et de maux. Et comme l'individualité est un principe éternel, indestructible, il existe aussi une *cause éternelle* du mal : le mal est donné avec la nature finie des êtres et persiste avec elle, sinon en réalité du moins en possibilité, dans tous les états, dans toutes les conditions où peuvent se trouver les êtres individuels. Le mal est un élément éternel de la vie des êtres finis et, comme tel, il est aussi nécessaire et indépendant de la volonté divine.

Le mal a donc sa source dans la finité des êtres. L'Être infini et absolu, qui se suffit à lui-même, qui ne dépend d'aucun autre être, qui possède et fournit toutes les conditions pour accomplir le bien et embrasser les choses dans leurs justes rapports, n'est pas susceptible de mal et d'erreur. Mais, comme les êtres individuels eux-mêmes ont leur raison d'existence en Dieu, le mal a aussi sa raison dernière dans l'Être de toute réalité. Le mal existe non pas dans la volonté, dans l'intelligence ou dans le sentiment de Dieu, mais il existe indirectement en Dieu, en tant que Dieu est la raison suprême de tous les êtres individuels qu'il contient en soi, et par conséquent aussi de toutes les manifestations qui sont impliquées dans la vie des êtres. Le mal n'existe pas en Dieu comme réalité, mais comme *possibilité*. La nature divine donne la possibilité du mal, en donnant les êtres individuels et finis; mais les êtres individuels le transforment en réalité. Ce qui est possible dans les êtres finis, à cause de leur nature éternelle et divine, ils le rendent réel, effectif dans le temps, par l'emploi de leur spontanéité. On peut donc dire que le mal existe en Dieu, non pas à l'état d'action, mais à l'état de pouvoir. Dieu conçoit le mal, il le prévoit, mais il le prévoit simplement comme possible : sa *prescience* ne détruit en rien la liberté et la spontanéité des êtres finis, qui ont reçu de Dieu, avec l'innéité du bien et de la vérité, la faculté ou la virtualité du mal et de l'erreur. Dieu est aussi dans un rapport de volonté avec le mal, non pas, il est vrai, dans un rapport d'affirmation et de réalisation, mais dans un rapport de possibilité. Dieu ne veut pas le mal, comme tel, il l'admet comme résultat possible de la nature finie des êtres, qui a sa raison éternelle en lui-même ; en d'autres termes, il *permet* le mal. Dieu est enfin avec le mal dans un rapport de sentiment ; son cœur est touché des malheurs et des souffrances des êtres finis ; mais, dans sa pitié, dans sa miséricorde infinie, loin d'infliger du mal à aucun être, il attire sans cesse les êtres vers lui, afin que les êtres harmonisent, par l'amour un et absolu de Dieu, toutes leurs tendances exclusives, qui sont, dans leur exclusion, la cause principale du mal et du malheur.

En considérant maintenant le mal au point de vue de l'*homme*, nous remarquons que, de tous les êtres de la création, l'être raisonnable est le seul qui puisse triompher du mal, parce que l'homme seul participe à la puissance supérieure de Dieu, par sa raison. Le mal a aussi son origine dans la nature humaine, en tant que finie, mais il peut être évité et combattu par cette partie de la nature humaine qui est l'expression de l'infini et de l'absolu, et, sous ce rapport, on peut dire que le mal est pour l'homme une *occasion* de manifester la plus haute puissance qui existe en lui. C'est dans le mal et dans le malheur que l'homme prouve que, tout en étant un être fini et borné, il peut, comme Dieu lui-même, se placer au-dessus de tout ce qui est fini ; c'est dans la lutte avec les adversités de la vie qu'il montre d'une manière éclatante, sa supériorité morale, et qu'il offre, comme le disaient les stoïciens, un beau spectacle pour la contemplation de la Divinité. De même que Dieu est supérieur à tout ce qui est fini et contingent, de même l'homme peut se montrer supérieur à toutes les adversités de la vie, et assurer, dans sa lutte avec le malheur, la victoire à l'élément rationnel qui est en lui l'image de Dieu. S'il n'y avait point de mal dans le monde, l'homme n'aurait pas l'occasion de développer cette puissance supérieure, il lui manquerait un élément essentiel ; mais, en triomphant du mal, il est, dans son espèce, aussi parfait que la Divinité elle-même, il obéit à ce précepte divin : « Soyez parfait, comme l'est votre Père au ciel. » C'est de là que vient le haut intérêt que nous inspire toute action héroïque et tragique. L'histoire entière de l'humanité est un drame sublime, entremêlé d'épisodes tragiques, dans lesquels le mal et les mauvaises passions sont aux prises avec le principe du bien. Et puisque Dieu est touché du mal et souffre aussi sur cette terre, ce sont toujours

les hommes supérieurs, les génies divins, qui souffrent le plus des
erreurs et des injustices sociales; mais Dieu leur donne la force d'âme
nécessaire pour les supporter et pour demeurer fidèles à leur mission : ces élus de Dieu partagent la douleur et la commisération
divines. Nous voyons ainsi que le mal, ayant une origine éternelle,
a aussi une *nécessité morale* pour la nature humaine. C'est là ce
qu'on peut appeler la justification ou *théodicée du mal*.

Nous avons ainsi épuisé le cadre des questions que nous nous pro-
posions de développer dans la partie synthétique. Nous avons établi
la nature et les attributs de Dieu, comme Être un, infini, absolu;
nous avons reconnu que Dieu est et contient en soi l'univers constitué
dans ses deux ordres principaux, dans l'Esprit et dans la Nature, et
dans l'humanité, comme être d'harmonie ; que ces êtres sont contenus
éternellement en Dieu, comme l'expression des attributs divins, avec
l'infinité de leurs déterminations intérieures, c'est-à-dire, des individus, et au moyen de cette doctrine, nous avons harmonisé dans tous
les ordres des choses, les principes suprêmes de l'*unité* et de la *variété*,
qui est aussi la source de la dualité et de l'individualité. Nous avons
ainsi réalisé les deux conditions du système organique de la science (1).
Or les principes suprêmes de l'unité et de la variété ou de la dualité
sont aussi les principes du *panthéisme* et du *dualisme*. Nous avons
donc reconnu dans une vérité supérieure et dans la lumière de la
certitude, les vérités relatives de ces deux doctrines fondamentales,
et nous avons évité leurs conséquences isolées et exclusives. Notre
système constitue donc réellement, comme nous l'annoncions à notre
point de départ, le *système harmonique* de la science une et absolue.
Mais on insiste sur la question du panthéisme. On prétend que la
philosophie de Krause est une philosophie panthéistique, parce qu'elle
regarde le monde et tous les êtres finis comme étant contenus en Dieu
et comme réalisant éternellement l'essence une et infinie de Dieu. Nous
avons deux réponses péremptoires à donner à cette accusation, l'une
historique, l'autre philosophique.

Quels sont, en effet, les grands philosophes que l'on peut justement
appeler panthéistes? Ce sont, dans l'antiquité, les Éléates, les Stoïciens et surtout les Néo-Platoniciens, qui, en exagérant le procédé

(1) *Voyez* les *Réflexions préliminaires*, p. **12,** s.

synthétique de Platon, arrivent à absorber en Dieu, conçu comme
l'idée totale ou la totalité des idées, toutes les idées particulières,
tous les êtres individuels. C'est, dans les temps modernes, Spinoza,
qui, en partant de la substance, c'est-à-dire de ce qui existe non pas en
soi mais par soi, arrive à regarder tous les êtres individuels comme des
modalités et des développements particuliers de la substance absolue
dans tous les ordres de l'existence. C'est, en troisième lieu, Schelling, qui, dans la première phase de sa spéculation, en partant de
l'absolu, arrive à regarder tous les êtres individuels comme des puissances diverses ou des moments du développement de l'absolu, dans
la double série de l'idéel et du réel, et qui formule rigoureusement
la doctrine de l'identité ou de l'indifférence absolue. D'où il suit que
le panthéisme est le système de l'unité absolue, conçue comme des-
tructive de la variété ou de l'individualité substantielle des êtres,
et par conséquent le système de l'identité de toutes choses, de l'identité de Dieu avec le monde et les êtres individuels. Quels sont maintenant les adversaires de ces philosophes panthéistes ? L'adversaire
de la philosophie platonicienne est Aristote, dans la partie pratique
de sa doctrine, qui, en procédant par voie d'*analyse*, reconnaît de
prime abord l'individualité des êtres et la laisse subsister dans toutes
ses conséquences. L'adversaire de Spinoza est Leibnitz, qui déclare
qu'il a repoussé le panthéisme en reconnaissant aux créatures une force
ou une énergie propre, comme trace ineffaçable de l'action divine,
c'est-à-dire, en établissant un *principe éternel d'individualité*. Enfin,
la contre-partie du système primitif de Schelling est Schelling lui-
même, dans la nouvelle transformation de sa doctrine, qui affirme à
son tour qu'il a évité le panthéisme, en reconnaissant Dieu comme
Être sur-essentiel (*Ueberwesenlich*), c'est-à-dire, comme étant au-
dessus du monde et par conséquent distinct du monde et dégagé de ses
lois nécessaires. Nous voyons donc que les éléments qui, dans l'histoire
de la philosophie, ont été reconnus comme impliquant la négation du
panthéisme, sont, d'une part, le procédé analytique, qui établit la
certitude immédiate de l'existence du moi, comme être propre et spontané, et d'une autre part, la reconnaissance d'un principe éternel
d'individualité dans les êtres et la reconnaissance de Dieu comme Être
suprême, distinct du monde et au-dessus du monde. Or Krause n'admet pas seulement l'un ou l'autre de ces éléments, il les admet tous
les trois et il les développe à un plus haut degré qu'on ne l'avait fait

ayant lui. Il déclare que la partie analytique est une partie essentielle et nécessaire du système de la science, que le principe de la variété ou de l'individualité dans l'unité est une condition première de la science organique, et après avoir reconnu l'individualité comme un fait, il le pose en principe éternel, universel et nécessaire ; longtemps avant Schelling, il avait établi et déterminé la doctrine de Dieu comme Être suprême (*Urwesen*) distinct du monde et de l'infinité des êtres finis, comme la personnalité infinie et absolue qui est aussi infiniment et absolument au-dessus et en dehors de l'univers et qui est la raison même de la personnalité humaine.

Cependant si l'on entend par panthéisme toute doctrine qui soutient que le monde et les êtres individuels vivent et se développent en Dieu, alors le philosophe ne peut hésiter à se reconnaître panthéiste. Mais alors aussi il faut ajouter l'épithète de panthéiste aux noms des plus grands théologiens, aux noms de tous ceux qui admettent sérieusement que Dieu est l'Être un, infini, absolu, raison de tout ce qui est, aux noms de tous ceux enfin qui n'ont pas désespéré de la science humaine, comme science une et absolue. L'unité est, comme la variété, une condition fondamentale de la science, et l'unité ne peut exister dans la science que sous la condition qu'elle existe, comme principe, dans l'objet de la science, c'est-à-dire, sous la condition qu'il existe une unité d'être et d'essence, qui est la raison de toute variété. Pourquoi donc éprouve-t-on de la répugnance à voir l'essence divine dans le monde et dans les êtres finis? C'est qu'on ne sait pas détourner son intelligence des créatures bornées, où elle se perd dans la variété, dans l'opposition et souvent dans le désordre; c'est qu'on n'élève pas son esprit dans le ciel pur de l'unité de l'essence divine, qui n'est affectée par aucune division, qui reste une et entière dans sa variété interne. Qu'on comprenne d'abord l'unité de l'être de Dieu et l'on saisira le mode d'existence de tous les êtres dans l'essence divine. Dieu n'embrasse-t-il pas dans son intelligence tout ce qui est? Et l'intelligence n'est-elle pas une partie de l'essence divine? Dieu ne porte-t-il pas tous les êtres dans son amour, dans son cœur; et l'amour n'est-il pas encore une partie de l'essence de Dieu? Dieu ne veut-il pas éternellement et ne maintient-il pas dans le temps par sa volonté tous les êtres, ses créatures; et la volonté, enfin, n'est-elle pas une partie de l'essence une et absolue de Dieu?

On conçoit qu'après le polythéisme antique, qui avait rabaissé l'in-

fini au fini et dégradé avec Dieu toute l'humanité, le Christianisme ait
senti le besoin d'établir une distinction radicale entre Dieu et l'humanité,
entre Dieu et la nature entière. Et toutefois le Christianisme, en établissant cette séparation, pose en même temps la profonde conception de
l'Homme-Dieu, ce symbole éternel de l'union substantielle de Dieu avec
l'humanité. C'est cette vérité divine qui, tout en faisant comprendre à
l'homme sa nature bornée, le ramène à Dieu et jette sur l'humanité ren-
due à Dieu une gloire nouvelle. L'humanité glorifiée en Dieu se purifie
dans tout son être et dans tous ses rapports et comprend qu'elle a
aussi la mission de ramener à Dieu toutes les créatures. Mais c'est
l'humanité purifiée dans son cœur et dans son intelligence, qui, en
comprenant le fond pur de tout être, reconnaîtra aussi, sans effacer
la distinction infinie entre Dieu et les êtres finis, l'essence divine
comme la substance, la racine et le principe de vie de tout ce qui
est. Aux hommes purs tout est pur, et nulle part ce proverbe allemand
ne peut recevoir une application plus vraie que dans la question des
rapports qui existent entre le fini et l'infini.

Dans toutes les religions élevées, Dieu est représenté comme l'Être
de lumière. Et en effet, Dieu est l'unité pure et harmonieuse de toute
essence ; le monde, qui reflète les rayons de l'essence divine, qui représente la variété infinie des couleurs provenant de la particularisation ou de la polarisation de cette lumière, ne peut jamais en détruire
l'unité et l'harmonie suprême. Il y a des couleurs bien laides dans
le monde : elles résultent de combinaisons disparates ; mais la laideur
de ces couleurs ne porte aucune atteinte à l'unité, à l'éclat et à la
beauté de la lumière. Il y a bien du mal dans le monde : il résulte
de la combinaison disparate d'éléments qui sont bons en eux-mêmes ;
mais le mal ne porte pas davantage atteinte à la pureté inaltérable
de l'essence divine.

Sur quoi porte au fond la dispute soulevée par les adversaires de
la doctrine qui admet l'essence divine dans le monde ? Sur une question
de mots. Ils reconnaissent que Dieu est dans le monde, et que le
monde est aussi à certains égards en Dieu, dans l'intelligence et dans
la volonté divines. Mais comment cela peut-il être autrement que d'une
manière essentielle ? Ou Dieu ne toucherait-il le monde qu'à la surface, et l'univers ne tiendrait-il à Dieu que d'une manière négative
et formelle ? Il est impossible d'énoncer cette doctrine sous une forme
positive. On dit que si le monde, si les êtres finis sont de l'essence

divine, ils sont des *parties* de Dieu, ils sont divinisés, ils sont dieux eux-mêmes. Mais Dieu, en communiquant son essence, conserve son unité et sa vie supérieure qui est indivisible. Les couleurs ne sont pas des parties de la lumière, car elles n'épuisent pas sa nature, elles ne diminuent pas son essence : la lumière reste toujours lumière dans la variété infinie des couleurs. De même Dieu est toujours Dieu, toujours l'Être infini, absolu, dans l'inépuisable fécondité de son essence : les êtres individuels ne sont pas des parties de Dieu, car ils n'absorbent pas l'essence divine. Tout ce qui est tient à Dieu ; Dieu ne connaît pas, dans le monde, une seconde source d'essence et de vie ; c'est lui qui dispose en maître souverain de toute vie et de toute essence, qui est sa propre essence, et, tout en étant dans tout et partout, il plane au-dessus de tout dans son unité inaltérable, il lie tout ce qui est, il porte tout dans son cœur comme il embrasse tout par son intelligence ; et cependant son cœur reste exempt des souillures qui se trouvent dans les cœurs dépravés, son intelligence reste pure des erreurs, sa volonté reste indépendante des fausses directions que peut prendre la volonté des êtres finis.

II. CONSÉQUENCES.

Les conséquences morales, politiques et religieuses de la doctrine de Krause appartiennent à la quatrième subdivision de la partie synthétique, qui établit, sous le principe un et absolu, les principes de toutes les sciences particulières.

1. CONSÉQUENCES RELIGIEUSES.

Uni dans son essence éternelle avec l'Être infini et absolu, l'homme éprouve aussi le besoin de manifester personnellement cette union dans la vie, en tendant de toutes les facultés, de toutes les puissances de son être, vers un état où la connaissance et l'amour de Dieu inspirent sa volonté pour tout ce qui est bien, beau, juste et vrai. Cette *union personnelle* de l'homme, dans l'harmonie de toutes ses facultés, dans l'intimité de tout son être, avec Dieu conçu comme la personnalité infinie et absolue, constitue la *religion*. La religion présuppose à la fois la distinction et l'union personnelle de Dieu avec l'humanité. Cette union serait impossible, si Dieu était absorbé dans l'univers ou dans l'ensemble des êtres finis, s'il était une pure substance dans le monde et pour le monde et non pas pour lui, s'il n'était pas, enfin, l'*Être suprême*, existant au-dessus et en dehors de l'universalité des choses, doué d'une personnalité infinie et absolue, et étant aussi en rapport de vie, d'intelligence, de cœur et de volonté avec tous les êtres finis. La religion serait impossible encore, si l'homme n'était pas un être personnel et libre, capable de se déterminer lui-même dans ses rapports avec Dieu et de s'unir librement à Dieu dans l'intelligence, dans l'amour et dans la volonté. La religion exprime donc simultanément l'union personnelle de vie de l'humanité avec Dieu et de Dieu avec l'humanité, et cette union elle-même manifeste en harmonie les plus hautes puissances qui sont contenues dans la nature humaine et divine ; en d'autres termes, la religion est constituée par deux éléments, l'un divin, l'autre humain, par un côté *infini* et par un côté *fini*. On ne considère communément que le côté fini de l'union religieuse, c'est-à-dire, l'action par laquelle l'humanité élève et détermine sa vie dans tous ses rapports avec Dieu, et l'on oublie le côté infini, c'est-à-dire, l'action sainte par laquelle Dieu détermine sa vie supérieure dans ses rapports avec la vie propre des êtres individuels. Mais les deux faces du rapport religieux sont également importantes et doivent être examinées chacune en particulier.

L'idée fondamentale de la religion contient d'abord pour l'homme et pour l'humanité, le commandement de déterminer la vie humaine tout entière dans ses rapports avec Dieu. La religion ne repose donc sur aucune faculté ou fonction particulière de la vie ; elle embrasse en harmonie toutes les facultés et toutes les fonctions, c'est-à-dire, l'organisme entier de l'être humain : elle n'est ni un pur sentiment, par exemple, le sentiment de la vénération, de la dépendance ou de la crainte, ou le sentiment en général, ni une pure contemplation ou une adoration mystique de Dieu, ni une simple pratique extérieure ; elle est plus qu'une pratique, une contemplation ou un sentiment, elle est l'expression de la nature une et harmonique de l'être fini déterminé dans ses rapports avec Dieu. Cette détermination harmonique de l'homme dans l'entière intimité de son être rapporté à Dieu peut être appelée *intimité de Dieu* (*Gottinnigkeit*). Dans cette intimité fondamentale, l'homme embrasse nécessairement tous les ordres de l'existence, tous les êtres qui sont en Dieu et qui vivent de la vie divine : l'intimité religieuse se rapporte simultanément à Dieu, comme Être suprême, à la Nature et à l'Esprit, comme expression éternelle des

attributs divins de l'infini et de l'absolu, et à l'humanité, comme être
d'harmonie intérieure de l'Esprit et de la Nature. L'homme possède
même, dans l'intimité divine, une intimité pour les êtres subordonnés
de la création, conformément à leur essence propre et à leur rapport
de vie avec l'humanité et avec Dieu ; il cherche à se rendre intime à
tous les êtres, selon le degré dans lequel se manifeste en eux la vie
divine.

Mais l'homme est un organisme vivant de puissances et d'activités :
son activité totale est en elle-même activité de la pensée, du sentiment et de la volonté. L'homme doit donc s'unir à Dieu dans la volonté, dans le sentiment et dans l'intelligence ; il doit chercher à
connaître Dieu, il doit l'aimer, il doit le désirer et le vouloir, afin de
vivre divinement et de présenter dans son existence finie une parfaite
image de la vie infinie et absolue de Dieu.

Dans la *pensée*, l'homme acquiert l'intimité religieuse, en s'élevant
à la connaissance de Dieu, en reconnaissant Dieu comme l'Être un,
infini, absolu, plénitude de toute vie, raison première et dernière de
toute existence, principe de toute vérité, de tout amour et de toute
action, et en développant dans l'idée de Dieu l'organisme absolu de la
science humaine. L'activité dirigée vers la science et conçue dans un
but religieux, est une partie essentielle de l'intimité de Dieu ; le désir
de posséder la vérité est un désir pieux ; construire l'édifice de la
science est une action religieuse, parce qu'elle exprime une direction
fondamentale de l'esprit vers la possession intime de Dieu, et que la
connaissance de Dieu est elle-même la sauvegarde de la moralité et
de la foi. Sans la connaissance de Dieu, il n'est point de certitude
absolue pour l'homme, point de conviction légitime et inébranlable :
l'action n'a plus de point d'appui, et le sentiment se dissipe en une
morne inquiétude, s'il ne se perd pas dans les désordres et dans les
ténèbres qui nous entourent. La science religieuse peut seule donner
à l'homme la conviction de l'existence de Dieu comme ordonnateur
de toute vie sur la terre et dans l'univers entier, comme dispensateur
de toute justice, et lui inspirer en même temps la confiance, l'espérance et la soumission à la volonté sainte de Dieu et aux justes décrets de sa providence.

L'intimité religieuse est encore une intimité du cœur, du *sentiment;*
elle est le sentiment absolu, l'amour de Dieu, c'est-à-dire, la détermination harmonique du sentiment dans tous ses rapports avec Dieu. Et

comme les êtres finis vivent en Dieu, l'homme qui est pénétré de l'amour divin, aime aussi tous les êtres de la création, selon leur degré de participation à la vie divine : il aime tous ses semblables comme ses frères en Dieu, il calme leurs peines, il efface leurs malheurs, il est solidaire de leurs fautes et cherche à les ramener au bien, à les élever dans l'intimité religieuse; il s'estime et se respecte lui-même; il cherche à entrer dans une intimité avec tous les êtres finis qui pénètrent dans la sphère de sa vie et à les unir avec lui dans la religion. Tout amour particulier, conçu dans sa pureté, est une partie de l'amour un et infini de Dieu. L'amour divin embrasse tous les êtres, tous les ordres et tous les degrés de l'existence, le monde spirituel et le monde physique, l'esprit et le corps. L'homme religieux ne sacrifie pas l'esprit au corps ou le corps à l'esprit. Convaincu que l'Esprit et la Nature sont les expressions des attributs de Dieu, il les regarde comme étant également dignes de son amour, dans toutes leurs manifestations particulières; il réhabilite dans sa conscience et dans son cœur leur nature si souvent et si malheureusement méconnue. Il considère le corps de l'homme comme un temple élevé en l'honneur de Dieu, où tout doit être pur, afin que Dieu puisse y habiter dignement. S'il relève la Nature de l'abjection et du mépris insensé de quelques hommes, ce n'est donc pas pour se livrer avec d'autant plus d'abandon à la satisfaction de ses appétits et de ses désirs; c'est pour inspirer à l'homme plus de respect envers une œuvre de Dieu, et pour lui apprendre à purifier ses rapports avec elle, à moraliser tous ses actes physiques. Il comprend la gravité du mal et du désordre qui sont opérés dans la Nature par les passions effrénées, et il en sait aussi la cause : c'est en excluant Dieu de la Nature qu'on introduit le sensualisme dans la vie pratique de l'homme. Le sensualisme retombe de tout son poids sur la fausse doctrine qui a rendu la Nature athée, et qui a ainsi déchaîné les passions humaines envers un être qui, étant privé de toute dignité morale, ne semblait exiger aucun ménagement.

L'homme doit encore acquérir l'intimité de Dieu dans la pratique de la vie. Après avoir reconnu Dieu, dans la pensée, et lui avoir porté le tribut de son amour, il doit aussi déterminer sa volonté et ses actions dans tous leurs rapports avec Dieu. La *volonté* est dirigée vers le bien, comme vers ce qui est divin dans la vie. Car Dieu est le bien absolu (*Gott ist das Gut*), et tout ce qui vient de Dieu est bien; toute essence, toute chose considérée en elle-même est bonne, parce qu'elle est une manifestation de l'essence une et absolue de Dieu; le mal n'existe que dans les faux rapports qui peuvent être établis entre les choses par les êtres individuels. Faire le bien, c'est donc diriger sa volonté vers Dieu, en tant que Dieu vit en nous et dans le monde. L'homme religieux s'efforce d'imiter Dieu et, en quelque sorte, de vivre Dieu lui-même dans son existence finie. Mais vouloir Dieu, c'est de nouveau vouloir tout ce qui est en Dieu et par Dieu; c'est donc vouloir le bien dans tous ses rapports avec l'Esprit, avec la Nature, avec l'humanité, avec les êtres inférieurs de la création, c'est vouloir l'ordre absolu et l'harmonie universelle de toutes choses dans le monde, et prendre la ferme résolution de conformer toute sa conduite à cette harmonie, à cet ordre absolu, où se montre la volonté divine et qui souvent exige le sacrifice volontaire de notre personnalité. Vouloir l'intimité religieuse, c'est donc vouloir tout ce qui est divin dans le monde, c'est subordonner son propre intérêt à l'intérêt de tous, pour le plus grand bien du plan de la Divinité, c'est se développer dans son intérieur et dans tous ses rapports, conformément à l'ordre absolu, et réprimer dans cette harmonie interne toutes les passions exclusives, en établissant entre elles un juste équilibre.

L'homme doit donc chercher à s'unir à Dieu, dans son *être entier*, dans la plénitude de ses facultés et de ses puissances : il faut qu'il soit et qu'il reste intime à Dieu et qu'il le devienne de plus en plus, dans la connaissance, dans le sentiment, dans la volonté et dans l'action. Il est vrai que les lois de la vie de l'humanité dans la sphère terrestre ne permettent pas à l'homme de rester complétement fidèle à sa destination religieuse, c'est-à-dire, de demeurer dans l'intimité de Dieu sans interruption, avec une conscience de tous les moments; mais c'est aussi le devoir de l'homme, même sur cette terre, de chercher à acquérir autant que possible l'intimité divine, de consacrer à Dieu, dans ce but, des périodes déterminées, conformément aux époques générales de la vie de la Nature et aux circonstances caractéristiques de sa propre existence, et de pratiquer ainsi le précepte de la sagesse divine dans les âges primitifs de l'humanité : *Aie Dieu devant les yeux et dans le cœur; marche devant lui et sois pieux.*

Nous avons observé jusqu'ici le côté fini et humain de la religion ; nous devons maintenant examiner encore le côté divin et infini. Or Dieu, comme Être suprême, se trouve dans une union de vie avec tous les êtres individuels qui vivent en lui et par lui, conformément à la capacité et à la réceptivité propres de ces êtres; il se manifeste à eux, dans la pensée, dans l'amour et dans la volonté, par une révélation éternelle, infinie. Dieu est présent en nous tous, dans toute notre essence, qui est divine, et particulièrement dans cette essence supérieure et harmonique exprimée dans la raison. La raison humaine est une parfaite image de la raison divine. De même que Dieu, en tant qu'Être infini et absolu, est la cause et la raison suprême de l'Esprit et de la Nature, de même la raison de l'homme se montre simultanément dans l'esprit, où toutes les vérités sont liées dans un organisme infini et absolu, et dans le corps, où toutes les parties sont distribuées et enchaînées d'après un ordre rationnel. Dieu s'ouvre et se révèle, d'une manière permanente, à la raison humaine; il est lui-même la raison dernière de la connaissance, de l'amour et du désir de Dieu qui sont en nous. Il se manifeste donc aussi à l'humanité terrestre, à chaque être individuel. Convaincu de cette vérité, l'homme religieux cherche à se rendre digne de la révélation particulière de Dieu et d'une union plus intime de la vie divine avec sa propre vie. Il sait d'une manière absolue que Dieu vit en union avec l'humanité de cette terre, qu'il s'est révélé à des âmes pures et peut se révéler encore à des esprits humains qu'il destine à ramener l'humanité vers lui, en réveillant dans l'esprit de leurs frères le désir, l'amour et la connaissance de Dieu. Mais encore agit-il à cet égard avec une modeste circonspection, avec une crainte religieuse, afin qu'il puisse reconnaître et vénérer dans l'histoire de l'humanité ce qui est vraiment saint et vénérable; il n'oublie pas que l'union historique de l'humanité avec Dieu n'est qu'une partie de l'union supérieure et éternelle de Dieu avec l'humanité; il considère toutes les religions qui ont apparu sur la terre comme des manifestations partielles, de plus en plus complètes, du sentiment un et absolu de la religion et du besoin de Dieu qui repose éternellement dans l'humanité.

Les deux faces de la religion que nous venons d'examiner se résument encore en deux actions supérieures, dont l'une appartient à l'homme et l'autre à Dieu. L'élévation de l'homme vers Dieu dans l'intimité de son être et dans l'ensemble de ses facultés se manifeste essentiellement par la *prière*, et la direction personnelle de Dieu vers l'homme ou la détermination par laquelle Dieu intervient dans la vie individuelle constitue la *grâce*. Ces deux modes d'action sont éternellement fondés dans la nature divine et humaine; ils sont les deux points où se touchent les mondes opposés de l'infini et du fini; mais ils doivent être compris dans toute leur pureté, en dehors de toute notion anthropomorphique. La prière ne peut s'adresser qu'à Dieu seul, et la grâce ne peut être exercée que par Dieu. La grâce et la prière sont les plus hautes manifestations de l'union personnelle de Dieu avec l'humanité; elles n'admettent aucun intermédiaire entre l'homme et Dieu. L'homme qui agit dans la pensée et dans l'amour de Dieu, prie, et sous ce rapport, tout travail accompli avec une conscience religieuse, est une prière, un hommage rendu à la Divinité. Mais l'homme éprouve aussi le besoin de concentrer tout son être, toutes ses puissances, à des intervalles déterminés, et de les élever à Dieu, soit pour le remercier et le bénir, soit pour implorer son assistance, son appui, dans des circonstances critiques. L'homme qui s'approche ainsi de Dieu avec un cœur pur, est certain de rencontrer l'action supérieure de la grâce divine, qui est toujours prête à descendre sur l'humanité, et qui harmonise à chaque moment l'ordre absolu des choses avec la liberté individuelle, en tenant compte des actions par lesquelles l'homme cherche à se perfectionner dans la voie du bien.

Au-dessus de l'homme individuel, chaque société humaine et l'humanité tout entière, comme un tout organique, sont appelées à se développer dans une union de vie avec Dieu. Chaque société fondamentale de l'humanité, chaque communauté d'époux ou d'amis, chaque race, chaque peuple, chaque fédération de peuples, chaque humanité partielle dans l'humanité une et entière, doit réaliser, comme un seul homme, la destination religieuse, avec des forces progressives, avec une plénitude de vie de plus en plus abondante; et chacune de ces sociétés particulières doit aider l'homme à s'élever, comme être individuel, dans l'union supérieure, afin qu'il puisse se développer dans ses rapports avec l'humanité entière. Le devoir religieux de l'homme se transforme ainsi en devoir social pour chacune des associations humaines dans l'humanité et pour chaque sphère sociale qui a pour mission de développer la science ou l'art, le droit ou la moralité, ou, en un mot, quelque partie essentielle de la destination de l'homme (1).

La religion est ainsi une fonction d'harmonie supérieure dans

_____

(1) *Grundwahrheiten der Wissenschaft*, XX. *Urbild der Menschheit*, p. 305.

l'homme et dans l'humanité. Toutes les facultés de l'esprit sont harmonisées entre elles par la pensée et par l'amour divins; tous les hommes, tous les peuples de la terre sont frères en Dieu; toutes les institutions sociales sont pénétrées d'un même but religieux et fonctionnent en unité sous l'inspiration d'une pensée commune et d'un besoin commun; toutes les associations humaines réunies dans les espaces infinis de la nature et embrassant l'humanité tout entière, sont unies par le même lien religieux et sont solidaires dans l'amour de Dieu; et avec l'humanité, le monde entier dans l'Esprit et dans la Nature élève sans cesse une prière vers le ciel. Le monde et l'humanité se rapprochent incessamment de Dieu, et à chaque moment de ce rapprochement éternel, la miséricorde divine efface des nombres infinis de maux dans toute l'étendue de l'univers. La religion s'associe à tout ce qui est humain; elle n'est indifférente à aucune manifestation de l'activité individuelle ou sociale, à l'art, à l'industrie, au droit, à la morale, à la science, à l'éducation; elle plane au-dessus de toutes les institutions, et, les considérant sous leur aspect le plus élevé, dans leurs rapports avec Dieu, en leur laissant leurs mouvements spontanés et leurs caractères propres, elle les élève dans une sphère plus auguste et les pénètre du sentiment absolu et infini. Elle est ainsi, à tous les degrés de l'existence humaine, dans la vie individuelle, dans la vie sociale, dans la vie de l'humanité entière, la médiatrice de l'homme à Dieu et le lien de l'harmonie universelle.

Considérons maintenant la religion dans ses rapports avec la vie individuelle de l'homme.

La religion dénote à la fois un état de dépendance et de soumission de l'homme vis-à-vis de Dieu, et un état d'élévation. L'homme religieux sent le besoin de Dieu dans son existence finie et conditionnelle; il sait qu'il ne peut rien sans l'action et sans l'assistance divines; il sait que la source de tout ce qui est bien, beau, vrai et juste, n'est pas dans sa nature individuelle et contingente, mais dans l'Être infini et absolu; il sait que son mérite principal consiste à se perfectionner dans son intérieur et dans tous ses rapports, afin de se rendre de plus en plus digne de devenir un organe, un instrument, dans la grande œuvre que Dieu poursuit dans l'humanité. Et quand il possède le sentiment de sa faiblesse, de son impuissance, il marche avec Dieu, il agit sous les yeux de la Providence, et il s'en rapporte, pour le succès de son œuvre, au plan éternel de la Divinité. Ce n'est pas à lui-même

qu'il attribue le mérite de ses actions, et ce n'est pas à lui qu'il appartient
d'en juger les résultats. Toute sa mission consiste à remplir, d'une
manière absolue, les devoirs qui lui sont imposés par sa nature, de
les accepter librement, de s'y soumettre avec résignation et avec
bonheur, et d'implorer l'appui de Dieu dans les circonstances critiques où il peut se trouver engagé. Mais en même temps que la religion
rappelle l'homme au sentiment de sa faiblesse, elle l'élève au-dessus
de lui-même, au-dessus de la sphère étroite de son individualité, et le
transporte avec toutes ses facultés, dans cette région suprême où il
saisit tous les ordres de l'existence comme des manifestations de l'essence, de l'intelligence et de la volonté divines. Quand l'intelligence
de l'homme est éclairée de l'idée de Dieu, quand son cœur est échauffé
de l'amour religieux, il se reconnaît et il reconnaît l'humanité et tous
les êtres comme des organes de vie et comme des œuvres chéries de
Dieu, il entre dans un rapport supérieur d'amour et de vie avec Dieu,
il reçoit la consécration religieuse. La religion achève, accomplit tous
les devoirs de l'homme; elle leur donne la sanction souveraine et
absolue de la volonté divine; elle inspire la science, elle rend l'amour
saint et harmonique; elle préside à toute la destination humaine et
rend l'homme parfait, en le plaçant dans l'intimité de Dieu.

En élevant l'homme jusqu'à Dieu, la religion lui communique aussi
ce calme et cette sérénité qui sont l'expression de l'harmonie opérée
dans toutes ses facultés internes, et qu'il cherche ensuite à répandre
dans le monde qui l'environne. Elle établit un juste équilibre entre
toutes les facultés humaines dirigées vers Dieu, et étouffe par cela
même toutes les passions mauvaises qui sont le résultat de l'empire
prédominant et exclusif d'une faculté ou d'une fonction particulière;
et cette coordination produit la tranquillité d'âme, le bonheur du sage
qui a la conscience de remplir sa destination humaine et de conformer
sa volonté à la volonté divine manifestée dans l'ordre absolu des
choses; de là aussi cette inaltérable confiance de l'âme qui repose en
Dieu et qui s'en remet à Dieu seul de tout ce qui lui arrive d'heu-
reux ou de malheureux, persuadée que Dieu sait mieux que nous ce
qui nous convient. La religion est ainsi, pour l'homme individuel,
comme pour toute la société humaine, un état d'ordre et d'harmonie,
un état de paix et de pacification qui efface toutes les souillures de
l'homme et engendre la sainteté, la béatitude. Mais elle n'est pas non
plus sans mélange de sentiments et de pensées de tristesse, qui nais-

sent à la vue de l'imperfection, du mal et du malheur dans le monde. La religion est un échange perpétuel de pensées et de sentiments entre l'homme et la Divinité. Tous les sentiments que Dieu éprouve, l'homme les éprouve en Dieu. S'il partage la joie intime de Dieu qui voit les êtres individuels s'élever spontanément vers lui, et l'humanité tressaillir d'allégresse à son nom, et l'univers entier chanter ses louanges dans le concert de la vie universelle, il partage aussi la douleur que Dieu doit ressentir à la vue du mal produit par les êtres libres. Cette tristesse se transforme souvent en une sainte aspiration de l'âme vers une patrie plus haute, où les circonstances et les conditions extérieures permettront une union plus intime et plus continue de l'homme avec Dieu. Cependant elle n'est pas un état de repos et d'apathie, mais un motif d'action et de dévouement. L'homme religieux partage la pitié divine pour tous les maux, pour tous les malheurs; inspiré par le sentiment de ses devoirs et par l'amour de Dieu, il cherche, dans la mesure de ses forces, à guérir les maux, à soulager les infortunes, à porter aux cœurs malades les consolations que la religion seule peut leur fournir. Il ne s'enferme pas dans l'égoïsme de sa joie ou de sa tristesse, il les communique à ses semblables, il se réjouit et il pleure avec la société entière; il est l'ami de tous les êtres, parce qu'il est l'ami de Dieu.

La religion n'est donc pas un état d'indifférence et de passivité, mais un état de vie et d'action; ce n'est pas quelque chose de concentré et de séparé du monde, une muette et stérile contemplation de Dieu ou un pur sentiment qui fomente à l'intérieur et se dessèche dans son abstraction, mais un état d'épanouissement de toutes les facultés humaines en Dieu et par suite avec tous les ordres de l'existence; c'est une communication de vie, un épanchement de l'homme entier vers Dieu, vers la Nature et vers tous les êtres en Dieu; c'est une assimilation et une aspiration intime de tout ce qu'il y a de divin dans le monde. La religion, en un mot, n'est pas une fausse piété, concentrée en elle-même, un mysticisme lâche et languissant; mais elle est l'expression de la spontanéité ou de l'activité entière de l'homme vivifiée et retrempée à la source de toute action, elle est l'harmonie et l'harmonisation de la pensée, du sentiment et de la volonté de l'homme rapportées à Dieu. Sans la connaissance de Dieu, il n'existerait pour nous qu'un vague et sombre désir; sans le sentiment divin, nous ne serions inondés que d'une froide lumière; sans une action ou une manifestation externe de la pensée et du sentiment religieux, nous ne posséderions qu'un feu intérieur qui se dévorerait lui-même. De même que, dans la Nature, la lumière est accompagnée de chaleur et que le feu se consume sans aliment, de même, dans l'ordre spirituel, la pensée de Dieu allume le sentiment religieux, et l'un et l'autre embrasent l'homme, s'il ne reporte le sentiment et la pensée de Dieu sur tous les êtres de la création. L'homme tout entier, dans tout son être spirituel et physique, dans toutes ses facultés, doit être harmoniquement dirigé vers Dieu, pour que tous les germes de bien puissent éclore en lui. C'est dans cette union, où l'homme a l'intelligence et le cœur ouverts à toutes les inspirations du bien, du beau, du vrai, du juste, qu'il trouve aussi son véritable point d'appui intérieur. L'intimité de Dieu est la condition essentielle de tout perfectionnement interne et la source vivifiante où l'esprit puise sans cesse de nouvelles forces pour l'accomplissement de ses devoirs. Elle est la couronne de notre développement, elle affermit et consolide tout notre intérieur, en nous rattachant à la raison divine et absolue qui est la vraie racine de notre existence et de notre propre raison. L'homme se sent mieux assuré sur la terre quand il a acquis la conviction qu'il tient éternellement à Dieu, qu'il vit de la vie divine, et qu'il peut, dans sa condition finie, imiter Dieu et pénétrer de plus en plus profondément dans sa pensée et dans son cœur. La religion revêt tous ses actes d'un caractère absolu et sacré : elle lui donne ainsi la fermeté dans sa conduite, la constance dans ses résolutions, la fidélité dans ses engagements et dans l'accomplissement de tout ce qui est bien, beau, juste et vrai.

La religion élève toute la destinée humaine ; elle répand la joie, l'amour et l'énergie sur notre vie : c'est une force continue qui pénètre et embellit toute l'existence. L'homme religieux est aussi un artiste, mais qui exerce son art avant tout dans l'éducation propre et dans l'harmonisation de ses facultés internes. Mais l'homme est fini, limité dans ses pensées, dans ses sentiments, dans ses désirs, et par cette raison, il lui est impossible de s'adonner à chaque moment à la religion avec la même force et la même pureté de conscience. La religion cependant reste l'âme supérieure de sa vie. Il lui consacre périodiquement, aussi souvent que l'esprit et le cœur l'y convient, ses beaux et saints moments où, dégagé de toute pensée et de toute tendance exclusive, il élève son être entier vers Dieu pour l'embrasser dans sa pensée et dans son amour, pour juger sa propre vie dans l'harmonie universelle de la vie divine, et pour ordonner sa conduite d'après la disposition de l'ordre absolu et du plan éternel de la Divinité. Ces moments du culte intérieur, de la prière et de la dévotion, deviennent une source d'inspiration pour les pensées, pour les actions nobles et généreuses par lesquelles la vie humaine est conduite à sa destination harmonique. Mais le culte doit recevoir encore une expression plus haute : les hommes sont destinés à s'unir pour la religion, afin de se fortifier mutuellement, de se pénétrer tous de l'amour supérieur et d'exercer la religion comme un art social. La famille et l'amitié sont les sanctuaires primitifs de la sociabilité religieuse. De ces deux sources, elle se répand ensuite sur tous les degrés de la personnalité humaine, sur les peuples, sur l'humanité entière. Tous les hommes doivent se considérer comme les membres d'une seule cité religieuse sur la terre, comme les membres du royaume éternel de Dieu.

Dans la société religieuse comme dans la société politique, l'homme conserve son individualité. L'intimité de Dieu doit être acquise par un élan libre, par des efforts spontanés, par une volonté énergique et réfléchie. L'idée de la religion repose sur une union d'être à être et de personnalité à personnalité, qui peut et doit être préparée par l'éducation et qui doit ensuite être acceptée volontairement, comprise dans la pensée, cultivée dans le sentiment, formée dans l'art. Dieu répudierait un sacrifice qui ne serait pas libre et volontaire, et l'homme, de son côté, n'entrerait que d'une manière imparfaite dans l'intimité de Dieu, s'il ne s'élevait pas spontanément vers lui. Les convictions religieuses doivent être acquises par l'instruction et la propre raison de l'homme, et non pas imposées au nom d'une autorité extérieure : toute contrainte leur ferait perdre leur valeur morale. Ce sont les idées et les opinions dues aux propres efforts de l'intelligence qui forment seules une véritable conviction, et qui sont les plus stables, parce qu'elles sont moins exposées à être renversées par le scepticisme. L'homme qui a acquis ses opinions par ses propres efforts sait aussi mieux les défendre. En même temps, il est plus décidé à conformer sa conduite à ses convictions, parce qu'elles lui sont devenues chères par le travail intellectuel qu'il a dû faire pour les acquérir.

2. CONSÉQUENCES MORALES.

Nous avons reconnu Dieu comme l'*Être vivant* qui réalise dans le temps, par son action et par sa volonté supérieure, l'infinité de son essence éternelle, et nous avons établi que tous les êtres participent, à divers degrés, à la réalisation de cette essence dans la vie divine. L'homme, être harmonique de la création, image parfaite de la Divinité, est aussi appelé à réaliser en union avec Dieu tout ce qui est contenu dans sa nature rationnelle. Or, ce qui est effectué dans la vie conformément à la nature d'un être, c'est son *bien*. Et puisque Dieu embrasse dans son être toute essence et toute existence, le bien est avant tout le bien de Dieu. L'Éthique ou la science de la vie humaine déterminée par la volonté, n'est donc qu'une branche subordonnée de la science de la vie une et absolue de Dieu, déterminée par la volonté divine. Chaque bien particulier, effectué par les êtres finis, est une partie interne du bien de Dieu ; en d'autres termes, Dieu est pour tous les êtres le bien un, le *bien suprême*.

Il existe ainsi un *idéal* pour l'activité morale de l'homme, un idéal du bien qui doit être le seul contenu de son existence, le seul objet de ses efforts, et le terme d'appréciation pour toute sa conduite, c'est-à-dire, le *criterium* auquel il doit comparer tous ses actes, afin de les conformer à son idéal suprême. L'idéal de tout bien est Dieu. L'homme a donc pour mission d'ordonner sa vie conformément à la vie divine. C'est là le but de son activité volontaire et morale, et puisqu'un but doit être accompli, c'est un *devoir* pour l'homme de réaliser dans le temps son essence éternelle, qui est son bien, et de la réaliser comme bien. Car la *moralité* constitue proprement cet état dans lequel la volonté est dirigée avec conscience vers le bien, c'est-à-dire, dans lequel le bien est voulu et effectué pour le bien seul, indépendamment de toute considération personnelle. Cet état transformé en habitude par une volonté persévérante est appelé *vertu*. L'homme vertueux est celui qui se soumet habituellement à la loi morale, à la loi du bien.

La *loi morale* peut être exprimée sous cette formule : *Fais le bien comme bien*, formule qui contient à la fois le fonds et la forme de la loi morale. Le fonds y est exprimé par ces mots : Fais le bien, c'est-à-dire, rien que le bien, le bien tout entier ; la forme, par ces paroles : Fais toi-même le bien, c'est-à-dire, fais le bien d'une manière libre et pure, avec liberté et désintéressement.

La loi morale ainsi définie exige donc tout d'abord, comme condition de son existence la *liberté* morale ou le libre arbitre de l'homme. La liberté morale consiste en ce que le bien est voulu et pratiqué purement et simplement parce qu'il est bien, par la seule force de la volonté; elle ne réside donc pas dans l'absolue indépendance de la volonté, mais, au contraire, dans sa conformité à la loi morale; elle n'est pas l'arbitraire ou la faculté de choisir entre le bien et le mal, elle n'existe que dans la sphère du bien, elle est la faculté de se déterminer pour un bien plutôt que pour un autre, de choisir entre deux biens le *meilleur*. La liberté implique ainsi la rationalité : l'homme n'est vraiment libre que par la *raison*. En effet, s'il était borné dans son intelligence à l'instinct de l'animal, à la pure aperception des faits individuels et sensibles du monde extérieur, sa volonté serait emportée par le courant des phénomènes physiques. N'étant ému que par les sensations, l'homme devrait suivre le cours des sensations et serait obligé de leur obéir en esclave. Privé de la faculté supérieure de la raison, il serait incapable de se recueillir en lui-même et de dominer par l'intérieur et les forces internes l'extérieur et les affections sensibles, et par conséquent de se soustraire à l'empire des sens. C'est donc parce qu'il possède la raison, faculté des principes qui ne sont pas puisés dans le monde sensible, qu'il peut se déterminer d'après les inspirations de cette faculté, agir d'après les principes du bien, du vrai, du juste. C'est en se déterminant d'après les principes de la raison que l'homme peut trouver les motifs de ses actes en lui-même et se dégager de la dépendance du monde extérieur. Alors il entre en jouissance de toute sa spontanéité : il est entièrement libre, il peut commencer à tout instant une série nouvelle d'actes qui n'ont pas leur cause dans les actes précédents et même une vie nouvelle; il est enfin le maître de sa destinée.

La loi morale suppose, en second lieu, le *désintéressement*. L'homme, en effet, doit agir d'une manière absolue et faire le bien comme bien. Or, agir d'une manière absolue, c'est n'agir par aucun motif individuel, ne céder à l'inspiration d'aucun sentiment particulier, par exemple, d'un sentiment de plaisir ou de douleur, d'espérance ou de crainte, repousser tous les mobiles égoïstes et intéressés qui peuvent solliciter la volonté, c'est, en un mot, faire le bien sans aucune considération étrangère, dans l'intérêt du bien seul et par le seul motif qu'il est bien; c'est, en d'autres termes, agir avec désintéressement. Le désintéressement est ainsi la manifestation de l'*absolu* dans la sphère de l'activité morale de l'homme. L'homme ne doit donc pas se déterminer au bien dans le but d'éviter une peine ou d'obtenir une récompense, c'est-à-dire, dans l'intention d'assurer son bonheur présent ou futur, car le bonheur est un motif individuel, sensible et contingent, et c'est méconnaitre la loi morale, en tant que loi rationnelle et absolue, que de la fonder sur un motif emprunté au monde de la sensibilité. Il ne doit pas non plus faire le bien, parce qu'il le veut, mais il doit le vouloir et le faire parce que c'est bien; en d'autres termes, ce n'est pas la volonté individuelle, mais le bien lui-même, en tant qu'idée absolue, qui est le criterium et le principe du bien. Comme tel, le bien est au-dessus et indépendant de toutes les volontés particulières qui doivent l'accepter comme l'idéal et le but éternel de leur activité morale et y conformer de plus en plus leur vie tout entière dans l'infinité du temps. La loi morale est donc égale et identique pour tous, et nous devons agir moralement envers les autres, comme les autres doivent agir moralement envers nous; en d'autres termes, la loi morale est universelle, au même titre qu'elle est une et absolue, et sous ce rapport, elle peut encore s'exprimer par cette formule : Agis de telle sorte que tu puisses considérer la loi déterminante de ta propre volonté comme une loi universelle.

En faisant le bien pour le bien, d'une manière absolue, l'homme conforme sa vie à la vie de l'Être absolu; il imite Dieu dans le monde fini où il exerce son activité. Et se renfermant dans la sphère rationnelle qui lui est propre dans l'ordre ou dans l'organisme absolu de l'univers, il remplit aussi sa *destinée morale*, la destinée de l'être raisonnable, qui est de vivre et d'agir conformément à l'ordre absolu des choses et à la nature particulière des êtres ou des objets auxquels l'action se rapporte.

Les animaux, dominés par la sensibilité, qui constitue leur nature, ne peuvent agir que d'une manière sensible, c'est-à-dire, individuelle ; mais l'homme, doué de la faculté supérieure de la raison, doit aussi agir d'une manière rationnelle, c'est-à-dire, absolue ; être d'harmonie de la création, il peut et doit maintenir l'harmonie qui existe entre les divers ordres des choses : il doit donc agir, pour lui-même, d'une manière absolue et rationnelle, afin de remplir sa destination propre, et il doit encore traiter les autres êtres d'une manière absolue et rationnelle, conformément à leur nature particulière, afin de conserver l'ordre absolu établi par la Providence. L'homme doit donc traiter les animaux comme des êtres sensibles, et les hommes, comme des êtres raisonnables, c'est-à-dire, comme des êtres qui peuvent écouter la voix de la raison, à quelque état de dégradation qu'ils soient tom-

lics, comme des frères qu'il doit aimer et appeler à la connaissance de leurs devoirs. — C'est en ce sens dans ce domaine moral absolu que l'homme jouit d'une liberté complète, parce qu'il accomplit la mission qui lui a été assignée dans l'ordre universel, et au sein duquel les êtres ou les circonstances extérieures ne peuvent entraver le libre développement. Aussi la liberté qui est nécessaire à l'accomplissement de la loi morale, reçoit-elle son complément et sa perfection de cet accomplissement lui-même. C'est qu'il se trouve dans l'organisme moral, et que des peines à son accomplissement avec moralité élève à une nouvelle puissance les conditions qu'elle a imposées et facilite à l'homme les moyens de persévérer dans la voie qu'il a choisie. Il en est de même du *bonheur*. On ne le trouve point aussi longtemps qu'on le cherche pour lui-même, on ne le rencontre, sans le chercher, par cela seul qu'on remplit sa destination morale, comme une récompense et un encouragement. En effet, le plaisir et le bonheur accompagnent dans chaque être la réalisation de sa nature propre ou de son bien particulier; et la douleur témoigne de la non-réalisation de cette nature ou de celle-ci. C'est ainsi que l'animal jouit ou souffre selon qu'il a satisfait ou non à sa nature sensible. C'est ainsi que l'homme, outre les douleurs et les plaisirs physiques, éprouve encore dans sa conscience intime, des joies plus pures et des douleurs plus vives et plus poignantes, selon qu'il a satisfait ou non à sa nature rationnelle. Le remord de la conscience ou la paix et la sérénité de l'âme révèlent immédiatement, dans chaque homme, la violation ou le respect de loi morale. Le bonheur est donc, pour l'homme, non pas un but en lui-même, mais une conséquence légitime et nécessaire de l'accomplissement de sa destinée morale. En faisant le bien pour le bien, d'une manière absolue, l'homme a la certitude de se conformer à la volonté divine, manifestée par l'ordre absolu des choses, et cette conviction qui le tant peu être ou plus ou peu dans l'intimité de Dieu, le comble d'une paix sainte et inaltérable, que ne peuvent troubler les circonstances extérieures.

L'obligation d'accomplir la loi morale n'existe pas seulement pour les hommes individuels, mais pour chaque société humaine. Car chaque société est aussi une *personne morale* qui doit chercher à réaliser par des efforts et des moyens communs le bien propre qui constitue le but de l'association. D'ailleurs, le bien, étant infini en soi et devant être réalisé par l'homme et par l'Humanité aussi complètement que passible, exige, comme tous les biens qui sont fondés dans la nature humaine, une association des volontés individuelles au moyen de laquelle on puisse le réaliser sans cesse dans le plus étroit état. Il est donc nécessaire que la moralité et la vertu soient effectuées exactement, que tous les individus et toutes les sociétés particulières forment une alliance de vertu (*Tugendbund*) dans le but d'accomplir et de développer indéfiniment les préceptes de la morale.

L'homme vertueux imite Dieu dans sa vie; sa volonté est conforme à la volonté sainte et absolue de Dieu, il peut se considérer comme coopérateur à l'œuvre infinie de la vie divine. L'homme vraiment moral pénètre ainsi de plus en plus dans l'intimité de Dieu par ses propres efforts et s'unit librement à Dieu dans la pensée, dans le sentiment et dans la volonté ou dans l'action. Si donc l'intimité et l'union de vie avec Dieu, principe de la religion, est le fondement ou la raison supérieure et divine de la moralité, la moralité, à son tour, est la raison ascendante et humaine de l'intimité et de l'union de vie avec Dieu. Le sage, dans son aspiration vers le bien, acquiert la conscience que Dieu est en lui-même le bien un et infini, et Dieu, dans son amour pour le sage, se révèle à lui comme à son semblable dans le bien. Il existe ainsi un rapport intime entre la morale et la religion. L'une de ces sciences ne peut se passer de l'appui de l'autre. Leur double problème peut se résumer en une seule formule : *Sois uni à Dieu dans la conscience et imite-le dans la vie*. Mais ce rapport ne constitue pas la confusion et l'identité. La religion est aussi distincte de la morale. Elle est la science générale qui expose les rapports d'intimité et de vie de l'homme considéré dans la plénitude et l'harmonie de ses facultés avec l'Être infini et, dans l'Être infini, avec tous les êtres finis de la création. La morale, au contraire, en traitant de la vie humaine, dans ses rapports absolus avec tous les ordres des choses, la considère dans son *action*, c'est-à-dire en tant qu'elle est librement déterminée par la *volonté*. La religion élève l'homme entier dans un rapport personnel de vie avec Dieu ; la morale fait réaliser l'essence éternelle de Dieu, comme le bien absolu. La religion présuppose toujours dans l'homme la conscience de Dieu ; le bien peut être fait par l'homme sans qu'il sache que ce bien est une partie du bien absolu de Dieu. La moralité peut donc exister sans la religion, mais elle manque alors de sa base supérieure. Dans la vie harmonique de l'homme, la morale et la religion doivent rester dans une alliance intime.

L'humanité doit, comme les hommes individuels, accomplir le bien avec liberté et désintéressement dans la lumière supérieure de la conscience et de la raison. Mais comme le bien est un organisme infini que ne peuvent épuiser ni la vie de tous les hommes de cette terre ni la vie de l'humanité répandue dans le monde entier, le bien, comme idéal, doit être réalisé successivement dans la vie. On peut, à cet égard, distinguer dans la vie de l'humanité *trois périodes* pour la réalisation du bien : une période *d'unité*, où l'humanité, intimement unie à Dieu, et à tous les ordres des choses, accomplissait la loi morale par une sorte d'instinct rationnel analogue à l'instinct physique des animaux, sans commettre le mal, sans le vouloir, sans même le connaître ; puis, une période *d'opposition* et de *variété* où l'homme, perdant de vue les rapports organiques qu'il soutient avec la Nature, avec ses semblables, avec la Divinité, sentant le besoin d'exister en lui-même, dans son individualité contingente et finie, méconnut les lois absolues qui le dominaient et qui le contenaient, à son insu, dans la sphère de la moralité, de la justice et de la religion ; obligé dès lors de rechercher par ses efforts spontanés, individuels, ses obligations et ses lois, entraîné d'ailleurs par les pressantes nécessités d'une vie isolée et personnelle, l'homme oublia les vrais rapports qui existent entre tous les ordres des choses et tomba dans l'erreur, dans l'injustice, dans l'impiété, en un mot dans le *mal* (1). Dans cette période il y a le plus souvent opposition ou désaccord entre les diverses directions de la vie humaine, entre la morale, la religion, la justice, la science et l'art. Une fausse science se prête même à justifier ce désaccord, en enseignant, par exemple, que la morale est de sa nature en opposition avec le droit. Là il ne saurait y avoir non plus accord entre le bien moral et le bonheur, parce que l'état social n'est pas harmoniquement organisé en vue du bien ; mais ce désaccord, loin d'être une nécessité naturelle, atteste le plus éloquemment que la vie humaine n'a pas encore atteint son véritable but ou son idéal, où le bien doit nécessairement entraîner le bonheur. Dans cette conviction, l'homme doit s'efforcer de reconquérir insensiblement la condition de son premier état, de reconstituer, dans une

---

(1) L'origine historique du mal se trouve ainsi parfaitement en harmonie avec son origine métaphysique que nous avons reconnue précédemment p. 72, s. (*Voyez* le *Cours de philosophie* de M. Ahrens, 12e leçon.)

période d'*harmonie*, l'intimité et l'union de vie avec Dieu, et, en Dieu, avec ses semblables et avec la Nature, et de réaliser ainsi le bien, non plus par un pur instinct ou par ignorance du mal, mais dans la pleine conscience de sa liberté et de ses devoirs, mais comme l'accomplissement volontaire et religieux des obligations absolues qu'il a reconnues comme lois de sa nature; dans cette période le mal sera vaincu par le bien, l'erreur par la vérité, l'homme reviendra volontairement aux principes de la morale, de la justice et de la religion, et récupérera, par cela même, le bonheur qui signala l'âge primitif de l'humanité (1).

5. CONSÉQUENCES POLITIQUES.

Le mot *droit* (*Recht*) exprime une direction invariable, identique, un rapport entre deux choses qui sont placées de telle sorte que l'une conduise directement à l'autre. Cette acception étymologique du mot *droit* nous révèle aussi le point essentiel de son acception philosophique; car l'idée philosophique du droit exprime, en général, un rapport qui unit l'homme avec ses semblables et avec les choses, de telle manière qu'il puisse atteindre le plus directement son but individuel et social. Ainsi, mon droit est tout ce qui doit m'être accordé par les autres hommes, afin que je puisse remplir ma destination comme homme, et comme membre de la société humaine; en d'autres termes, mon droit consiste dans l'ensemble des *conditions* de mon existence, de mon individualité humaine, ou, mieux encore, mon droit comprend *l'ensemble des conditions internes et externes dépendantes de la liberté humaine et nécessaires à l'accomplissement de ma destination rationnelle*. Mais ce droit ne m'appartient évidemment que sous la condition que je le reconnaisse, de mon côté, aux autres hommes, et que je leur garantisse, à mon tour, les moyens d'existence et de développement qui sont en mon pouvoir, qui dépendent de ma volonté. Nous voyons ainsi que le droit est une notion universelle qui se rapporte à la vie de tous les êtres raisonnables, à la poursuite et à la réalisation de leur destinée dans le temps et qui implique, comme une condition de son existence, que tous les êtres raisonnables vivent entre eux de telle sorte que chacun d'eux trouve les moyens d'atteindre sa destination particulière.

(1) *Grundzüge der Wissenschaft*, XXI.

Maintenant, comme chaque être individuel est en lui-même un organisme vivant dont chaque membre existe à la fois pour lui-même et
pour les autres membres, dans un rapport de conditionnalité réciproque, chaque être est aussi constitué dans son intérieur, d'après l'idée
fondamentale du droit ; toutes ses fonctions internes se soutiennent
mutuellement et remplissent les conditions vitales qui sont nécessaires
pour que chacune d'elles, pour que toutes en harmonie, pour que
l'être entier atteigne le but de la vie, c'est-à-dire, réalise son idéal ;
et cet ensemble de conditions internes, dépendantes de sa propre
liberté, et nécessaires à l'accomplissement de sa destination rationnelle
constitue le *Droit interne* de chaque être raisonnable. Cette notion
du droit interne peut s'appliquer à chaque homme, à chaque société
humaine, comme personne morale. Tout être raisonnable est ainsi
organisé intérieurement d'après l'idée du droit et de la justice et pour
la réalisation de cette idée; et par ce motif, l'individu peut et doit
encore être juste envers lui-même, en tant qu'il est conçu, dans sa
personnalité, comme sujet et comme objet du droit. C'est ainsi qu'il
doit maintenir l'équilibre, l'harmonie et la proportionnalité qui existent dans ses fonctions corporelles, dans ses facultés spirituelles et dans
l'organisme entier de son esprit et de son corps. — Au droit interne
s'oppose le *Droit externe* qui comprend les conditions extérieures de
l'existence et du développement d'un être. L'humanité, par exemple,
a son droit interne et son droit externe. Le droit interne de l'humanité
demande que toutes les sociétés et tous les hommes individuels soient
liés et déterminés entre eux de telle sorte que chaque membre de
l'humanité puisse atteindre sa destination propre et vivre conformément à son idéal. Le droit externe de l'humanité consiste dans l'ensemble des conditions volontaires qui sont fournies par la Nature, par
l'Esprit et par l'Être suprême, afin que l'humanité puisse, enchaînée
à la vie de ces êtres, accomplir sa destinée dans l'organisme universel.

L'idée fondamentale du droit de l'humanité nous élève ainsi dans
le domaine des idées éternelles qui ne peuvent être épuisées dans le
cercle de notre vie terrestre. Conçue dans sa plénitude, l'idée du droit
ou de la justice est un attribut essentiel de l'Être ou de Dieu. Car Dieu
est aussi la vie une et absolue, dans ses rapports avec l'Esprit, avec
la Nature, avec l'humanité et toutes les déterminations internes de la
Nature et de l'Esprit, c'est-à-dire, avec les individus. Or le droit ou
la justice est cet attribut de Dieu, d'après lequel la vie divine est con-

située et déterminée dans l'enchaînement conditionnel de toutes ses
parties intérieures. Dieu, étant en lui-même tous les êtres finis, doit aussi
fournir l'ensemble organique de toutes les conditions temporelles et
volontaires qui sont nécessaires pour qu'il vive dans la vie des êtres finis,
et pour que l'organisme universel puisse se maintenir dans des rapports
de mesure, de proportion et de conditionnalité réciproques. Nous voyons
ainsi que le droit ou la justice est une propriété interne et organique
de Dieu, c'est-à-dire, que le droit, conçu dans son unité, est le droit
interne de Dieu lui-même. L'organisme interne du droit absolu ou du
droit de Dieu doit donc contenir les domaines particuliers du droit de
tous les êtres qui subsistent en Dieu, et ces êtres mêmes ne possèdent
un droit externe que parce qu'ils sont finis, parce qu'il existe d'autres
êtres qui se trouvent avec eux dans des rapports de coordination ou
de subordination et qu'ils doivent ainsi accomplir leur destinée, réaliser leur idéal, par un appui mutuel, par des conditions de récipro-
cité qui les lient organiquement avec tous les êtres et, en dernier lieu,
avec l'Être suprême.

Le droit constitue donc l'organisme de toutes les conditions libres
et volontaires de la vie interne et propre de Dieu et de la vie individuelle et harmonique de tous les êtres qui subsistent en Dieu. Dans
l'idée du droit un et absolu est contenue l'idée partielle du droit de
l'humanité, comme étant l'ensemble organique de toutes les conditions internes et externes que l'humanité doit fournir et recevoir, afin
qu'elle puisse en elle-même et dans ses rapports avec tous les êtres et
avec Dieu, effectuer son essence propre, atteindre sa destination dans
le temps, réaliser son idéal. Et dans l'idée fondamentale du droit de
l'humanité est de nouveau contenue l'idée du droit individuel de chaque
homme, comme étant l'ensemble organique de toutes les conditions
internes et externes nécessaires au développement harmonique de sa
vie individuelle.

Nous voyons ainsi que l'idée du droit est fondée dans l'essence ou
dans la nature même des êtres qui subsistent en Dieu. D'où il suit
d'abord que le droit est soustrait à la volonté arbitraire des individus.
La justice ne repose pas sur la volonté et n'a pas besoin d'être sanctionnée par une convention ou *contrat social*. Elle est antérieure et
supérieure à la volonté ou à ses manifestations, elle existe par cela
seul que l'homme existe; elle est fondée dans la nature humaine et
relève de Dieu qu'elle manifeste dans l'organisme de la vie universelle,

où toutes choses se trouvent dans un rapport de dépendance et de conditionnalité réciproques. L'idée du droit ou de la justice est donc une idée *absolue, infinie,* éternelle ; puisque la volonté humaine ne l'a point créée, elle ne peut pas non plus la détruire, elle doit l'accepter dans tous les temps et dans tous les lieux comme une loi de son activité. L'idée du droit est ainsi supérieure à l'humanité ; elle a sa source première et dernière en Dieu et c'est à cette source absolue qu'elle emprunte son caractère universel, permanent, nécessaire.

Universelle en elle-même, l'idée du droit est aussi d'une *application universelle* dans la vie de l'homme et de l'humanité. Elle s'étend sur toute la vie humaine, sur tous les rapports physiques et intellectuels, sur tous les buts rationnels, individuels ou sociaux, en comprenant les conditions nécessaires pour les atteindre. Le droit se rapporte ainsi aux buts religieux, scientifiques, artistiques, moraux, commerciaux et industriels de l'homme et de la société ; cependant il ne les touche que d'un seul côté, du côté conditionnel. Cette vérité deviendra importante pour déterminer les rapports de l'État, qui est l'institution sociale du droit, avec les autres branches de l'activité humaine. Nous verrons que l'État doit se borner à fournir aux diverses sphères sociales les conditions de leur existence et de leur développement, sans pouvoir intervenir dans leur organisation intérieure.

Mais l'idée du bien possède également tous les caractères que nous venons de reconnaître à l'idée du droit ou de la justice ; la morale est également fondée dans la nature humaine et relève de Dieu. Cette analogie nous commande de préciser la *distinction et les rapports du droit et de la morale,* dont la confusion entraînerait le désordre dans la société. Or la morale et le droit se rapportent l'une et l'autre à la vie humaine, déterminée par la volonté ; mais l'une embrasse le côté *subjectif* et *interne* de la vie et de la volonté, l'autre, le côté *objectif* et *externe ;* la première regarde l'*intention* qui inspire les actes, la seconde, les *conditions* qui les favorisent. Ainsi, tandis que la morale se renferme dans le sujet, dans la conscience, et ne considère qu'accidentellement les effets extérieurs des actes, *librement* accomplis sous la loi du *devoir,* le droit, au contraire, se restreint dans les effets extérieurs et visibles et se borne à fournir les conditions pour le développement individuel et social de l'homme. Le droit porte ainsi un caractère plus extérieur, plus conditionnel et plus variable que la morale, et parce qu'il s'adresse aux conditions mêmes de l'existence et du développement de l'homme, il est aussi moins libre, il peut être exigé par la voie de la *contrainte*; il ne relève pas seulement de la conscience, il est rendu obligatoire par des *lois* et sanctionné par des *peines*. La morale, il est vrai, reconnaît également des lois et des peines, mais ce sont des peines intimes, individuelles et secrètes, des lois libres auxquelles on peut aisément se soustraire, tandis que les lois et les peines juridiques sont plus générales, plus nécessaires dans leur application et dans leur exécution, et mieux enchaînées dans l'organisme total de la société. La spécialité même de ces deux domaines qui possèdent chacun leurs lois et leur sanction propres, démontre ainsi la distinction réelle des deux sciences qu'ils concernent. Il y a plus; dans la sphère du droit, caractérisée par l'idée de la conditionnalité, tout est plus lié, plus enchaîné, plus nécessaire, parce que toutes les parties s'y présentent comme des conditions pour l'existence de toutes les autres, et par cette raison, le droit demande aussi à s'exprimer dans un organisme ou dans un système extérieur d'éléments, de formes et de pouvoirs, analogue à l'organisme de l'être humain. Dans la sphère de la morale, au contraire, caractérisée par l'idée de l'intention subjective, tout est plus spontané, plus individuel, plus libre; les actes accomplis par la conscience ne sont pas enchaînés entre eux, ne découlent pas nécessairement les uns des autres. Mais la distinction n'exclut pas l'union. Le droit et la morale se pénètrent et se soutiennent mutuellement. Le droit embrasse, sous quelques rapports, la morale, et la morale, sous d'autres rapports, embrasse le droit. En fournissant les conditions du développement de toutes les branches de l'activité humaine, le droit se rapporte également au côté conditionnel de la morale; et la morale, en revêtant de son caractère absolu, toutes les phases de l'existence, proclame également le droit ou la justice comme un devoir sacré. Le droit est aussi un bien qui, comme tel, fait partie de la morale, et la morale est un but de l'activité humaine qui, comme telle, entre dans l'organisation de la société. La société poursuit une destination morale, et la morale en effectuant le développement individuel, contribue, de son côté, à la réalisation du but commun de la société (1).

Nous voyons, enfin, que le droit est *affirmatif* et *positif*, puisqu'il

---

(1) La question de la distinction et des rapports du droit et de la morale a été traitée à fond dans la seconde édition du *Droit naturel* de M. Ahrens, p. 00, s.

demande que la société fournisse à chaque homme les conditions de son existence et de son développement, et qu'il est, en même temps, *limitatif* ou *négatif,* puisqu'il veut qu'on écarte les obstacles extérieurs et volontaires qui s'opposent à la réalisation de la destinée humaine. En d'autres termes, le droit est à la fois *matériel* et *formel* : il est formel, comme le prétendait Kant, en ce sens qu'il doit commander les mesures extérieures nécessaires au maintien de la liberté et du développement individuel, aussi longtemps que ce développement s'accomplit sous l'empire des lois sociales; mais il est plus que formel, il possède un contenu, une matière, en ce sens qu'il doit non-seulement écarter les entraves, mais accorder lui-même les conditions du libre développement de chaque homme. A ce double point de vue, le droit consacre encore l'*égalité* et la *liberté.*

Mais l'*égalité* qui est impliquée dans la notion du droit n'est pas cette égalité purement formelle et extérieure qu'on appelle *égalité devant la loi;* elle n'est pas non plus cette égalité radicale qui se traduit par le nivellement de toutes les capacités et de toutes les distinctions individuelles dans le système de la communauté absolue; l'*égalité rationnelle,* en même temps qu'elle est matérielle et positive, c'est-à-dire, en même temps qu'elle se fixe dans la loi et qu'elle impose à la société l'obligation de fournir à chacun de ses membres les conditions d'existence et de développement, respecte cependant le principe individuel et libre, en vertu duquel chaque être humain existe en lui-même et pour lui-même et manifeste cette individualité par des dispositions particulières et par une vocation spéciale. Le droit qui se rapporte à l'égalité, concerne trois points principaux : 1° l'égalité fondamentale de dispositions et de facultés; 2° l'inégalité de développement et d'application; 5° l'égalité de dignité de toutes les branches de l'activité sociale. Ainsi, il y a d'abord un droit pour l'*égalité fondamentale* des hommes. Tous les hommes peuvent prétendre aux conditions du développement de leurs facultés essentielles : ils ont droit à l'éducation et à l'instruction pour l'esprit, et aux moyens physiques nécessaires à leur vie matérielle. Mais comme, d'un autre côté, l'*application* des facultés humaines est différente selon les différents buts, le droit *varie* aussi selon les buts auxquels il se rapporte. L'homme qui se développe, par exemple, dans les sciences, demande d'autres conditions que celui qui exerce une industrie. A cet égard, on a dit, avec raison, que la vraie égalité consiste à traiter inégalement des êtres inégaux. Mais il ne faut pas oublier que les inégalités ne détruisent pas l'égalité primitive. Ainsi, il y a encore un droit pour la *dignité égale* de toutes les branches de l'activité de l'homme. Il ne faut pas que des prérogatives, des priviléges factices soient attachés à l'une ou à l'autre des professions sociales, pas de distinctions arbitraires qui élèveraient l'une au-dessus de l'autre. On objecte contre une telle égalité la nécessité d'une hiérarchie dans les fonctions sociales. En effet, une direction sociale exige qu'il y ait, sous un certain rapport, soumission d'une fonction à l'autre. Mais il est à remarquer qu'il y a, au fond, entre toutes les fonctions une dépendance réciproque. Il en est de la vie sociale comme de la vie physique, où toutes les fonctions sont organiquement enchaînées entre elles et conservent encore dans cet enchaînement organique, leur valeur propre, leur importance individuelle. C'est ainsi, par exemple, que les trois pouvoirs du système représentatif sont enchaînés entre eux de telle sorte que chacun conserve sa spontanéité ou son indépendance relative.

La notion du droit implique, en second lieu, la *liberté*, parce que en fournissant à chaque homme les conditions d'existence et de développement, conformément à sa vocation ou à sa destination particulière, et en empêchant qu'on apporte des obstacles extérieurs à l'accomplissement de cette destination, le droit crée à chaque individu une *sphère d'action* qui lui appartient en propre et où il est libre de déployer son activité. Le droit exige d'ailleurs que chacun travaille dans la mesure de ses forces, d'une manière positive ou négative, à l'accomplissement de l'organisme du droit de tous les êtres, et ce travail individuel ne peut être effectué que par la liberté sociale. Mais il est manifeste que la liberté n'est pas le seul objet du droit, puisque l'objet du droit est la réalisation de la destinée individuelle et sociale de l'homme ; la liberté n'est pas *but* en elle-même, elle n'est qu'une *faculté* ou un *moyen* destiné à l'accomplissement d'un autre but. Elle n'est pas non plus purement limitative ou négative, mais elle est aussi et avant tout positive ; en d'autres termes, chaque homme, considéré comme personne de droit vivant dans des rapports juridiques, doit d'abord obtenir le domaine légal de sa liberté interne et externe, et ce n'est que par la détermination de cette sphère individuelle que la liberté de chacun est aussi limitative de la liberté de tous. — Le droit qui se rapporte à la liberté consiste dans les conditions nécessaires pour la conservation et le développement de cette faculté. Or la liberté se montre sous

tence indépendante, individuelle, comme centre et but pour elles-
mêmes, et s'enchaîner en même temps à l'unité organique de la nation.
L'État doit donc respecter leur individualité, s'abstenir d'intervenir
dans leur organisation intérieure aussi longtemps qu'elle demeure conforme aux principes généraux du droit ou de la justice, et se contenter
de leur fournir les moyens et les conditions extérieures de développement. Dans les différents degrés d'associations, jamais les individualités
inférieures ne doivent s'effacer dans les degrés supérieurs. L'homme
individuel ne s'efface pas dans la famille; la famille reste intacte dans
la commune; la commune doit conserver son individualité dans la vie
nationale, et les peuples, dans la vie confédérative. L'individualité est
partout la racine et la source d'où viennent le mouvement et la vie;
la liberté est la condition du progrès. Quand les individualités dispa-
raissent ou sont opprimées, comme cela a lieu dans les systèmes de
centralisation ou d'unité exclusive et mécanique, qui placent le pouvoir
dans un seul lieu et méconnaissent la spontanéité d'action des degrés
inférieurs, tout véritable progrès d'un peuple est arrêté. On peut
alors produire, d'une manière factice, l'aspect du mouvement et du
progrès; mais ce progrès n'est ni général ni solide, parce que la volonté
arbitraire qui l'a imposé peut le faire disparaître. Les peuples, comme
les individus, ne font des progrès réels et durables que lorsqu'ils les
obtiennent par leur spontanéité d'action, au prix d'efforts et d'essais
faits par l'emploi de leur propre intelligence et de leur propre liberté.

La *vie sociale* tout entière doit être organisée sur le type de la province, de la commune, de la famille et de l'individualité. La société
existe pour l'homme, qui doit y trouver les moyens de remplir sa destination, et doit, par conséquent, se formuler sur le *modèle* de la nature
humaine (1). Or le bien et la mission de l'homme consistent à développer toute sa nature spirituelle, physique et rationnelle, dans toutes ses
parties et dans tous ses rapports. En divisant ce but général, l'homme
doit donc développer son esprit dans l'unité et dans l'harmonie de ses
facultés, dans ses rapports avec Dieu : la *religion* est le premier et le
plus élevé de ses buts. Mais si la religion manifeste l'harmonie supérieure de l'homme dans son union de vie avec Dieu, la *moralité*
exprime l'harmonie intérieure de cette union, qui doit être effectuée
par la volonté conformément à la loi du bien : la moralité est ainsi le

(1) Comparez p. 63.

second but de l'activité humaine. L'homme doit ensuite développer
son esprit dans l'opposition de ses deux facultés fondamentales, c'est-
à-dire, dans l'intelligence et dans le sentiment : de là, les *sciences* et
les *arts*, qui sont, avec l'*éducation* et l'*instruction*, les deux buts opposés
de l'activité spirituelle. Les arts se divisent ensuite en beaux-arts et en
arts utiles, selon qu'ils se rapportent à la beauté ou à l'utilité ; les arts
utiles ou l'*industrie*, qui s'adressent spécialement aux besoins physiques
de la vie et qui doivent affranchir l'homme du travail purement mécanique, constituent également un but important de l'activité humaine.
Mais l'homme individuel ne peut produire à lui seul tout ce qui est
nécessaire à la satisfaction des besoins de sa nature ; de là, la nécessité
pour les hommes de se communiquer leurs productions par un échange
réciproque, sur lequel se fonde le *commerce*. Enfin, le droit est lui-
même un but rationnel de la vie de l'homme, qui doit aussi se développer dans l'enchaînement total et dans la conditionnalité de toutes
les fonctions de son organisme ; le droit de la justice rentre dans le
droit de l'*État* et constitue l'*ordre politique* proprement dit.

Tous ces buts de l'activité humaine sont les éléments ou la matière
dont il faut pétrir l'organisme social, afin que la société réponde à
son idéal et puisse atteindre sa destination. Or, l'homme ayant le devoir de se développer dans la plénitude de sa nature rationnelle,
doit concourir autant que possible, au développement de chacun de
ces buts principaux fondés dans sa nature. Il faut donc que la société lui facilite aussi les moyens d'y prendre part ; et, à cet effet, il
est indispensable d'organiser le travail en commun, d'associer les
efforts individuels, c'est-à-dire, de constituer chacun des buts rationnels de la nature humaine sur la base de l'égalité, par la liberté et
l'association. L'association peut seule permettre à l'homme de se développer dans toute sa nature, dans toutes ses facultés, dans tous ses
rapports ; seule, elle peut procurer le bien-être à tous, en dirigeant les
volontés individuelles, non pas vers la ruine et la destruction, mais
vers l'accord et l'harmonie de toutes les forces sociales, c'est-à-dire,
vers la réalisation du but commun de la société humaine. Il faut donc
que la religion, les sciences, l'éducation, les arts, la moralité, le droit,
l'industrie et le commerce, reçoivent chacun, au moyen de l'association,
une *organisation* particulière, conforme à leur nature, qu'ils se développent dans une sphère propre, dans un ordre spécial, et qu'ils forment, en quelque sorte, autant d'états dans l'organisme complet de la

société. Le corps social se compose ainsi d'une société religieuse, d'une société politique, d'une société morale, d'une société scientifique, d'une société artistique, d'une société industrielle et commerciale, et chacune de ces sociétés, tendant librement vers son but particulier, en vue duquel elle est organisée, concourt librement aussi à la réalisation du but commun de la société qui embrasse tous les buts spéciaux. Ces diverses sociétés particulières sont les *fonctions organiques du corps social*. Envisagée à ce point de vue, la société, instituée pour le développement complet et rationnel de la nature humaine, présente réellement, comme le voulait Platon, l'aspect d'un seul homme qui se développe dans la plénitude de ses fonctions ou de ses facultés.

Quels sont maintenant les *rapports* de ces sphères particulières entre elles et quels sont leurs rapports avec la sphère de l'État?— Comme elles sont toutes également fondées dans la nature humaine, elles doivent être assimilées entre elles, c'est-à-dire, traitées sur le pied de l'*égalité* rationnelle, et engrenées de la même manière que les fonctions ou les facultés humaines auxquelles elles correspondent. Or les diverses fonctions humaines se trouvent entre elles dans un rapport non de subordination mais de *coordination*, et l'unité de la vie résulte de cet enchaînement organique où toutes les parties se soutiennent et se conditionnent mutellement. Il ne faut donc pas que l'une des sphères sociales puisse acquérir sur les autres une suprématie absolue, et il faut même garantir leur indépendance réciproque : toutes les sphères sociales doivent être coordonnées entre elles, de telle sorte qu'elles s'enchaînent les unes aux autres et qu'elles soient mutuellement la condition de leur développement progressif. Chaque ordre particulier possède ainsi, dans l'organisme social, une importance propre, une sphère libre d'action et de mouvement, en un mot, une existence individuelle en même temps qu'elle concourt, dans la mesure de son importance respective, à l'accomplissement de l'unité de la destination sociale. — Mais de ce que les divers ordres sociaux doivent être coordonnés entre eux, il résulte encore que l'ordre social particulier qui est chargé de l'application et du développement du droit ou de la justice, et qu'on appelle l'État, ne doit pas non plus, comme on le pense communément, dominer sur les autres sphères sociales. L'État ou l'ordre politique n'est pas la société tout entière, mais un ordre particulier coordonné aux autres ordres sociaux. L'État est l'institution du droit et par conséquent ses rapports avec les diverses institutions sociales doivent être des rapports de droit ou de justice, c'est-à-dire, des rapports de conditionnalité. Comme institution du droit, l'État ne peut donc pas absorber les autres sphères de l'activité sociale, les institutions religieuses, morales, scientifiques, artistiques, industrielles et commerciales; il doit laisser à chacune d'elles sa valeur individuelle et respective, sa sphère d'action propre; il doit se contenter de leur fournir les conditions extérieures de développement, assurer leur équilibre et leur harmonie, sans intervenir dans leur organisation interne et dans leur administration particulière. L'État, comme tel, ne peut être d'aucune religion, d'aucune école dans les arts ou dans les sciences, d'aucun parti politique, d'aucun système commercial; il doit favoriser toutes les religions, comme manifestations du même sentiment religieux et attendre de la liberté même de ce sentiment qu'il atteigne l'unité de forme ou de culte qui lui est nécessaire; il doit favoriser, de la même manière, toutes les sciences, tous les arts, toutes les manifestations des besoins industriels et moraux, leur laisser toute la spontanéité de leur mouvement, aussi longtemps qu'ils restent conformes aux principes généraux de la justice, et leur garantir seulement les moyens de développement. L'État est le *médiateur* de la destinée humaine.

La société présente ainsi une *variété* de sphères coordonnées entre elles et fonctionnant en *unité* pour l'accomplissement de leur destination individuelle et de leur destination commune, qui est aussi la destination individuelle et commune de l'homme. Chacune d'elles, *libre* dans son organisation et dans son administration intérieure, est assimilée aux autres et traitée sur le pied de l'*égalité* rationnelle. Or le rapport de la liberté à l'égalité constitue l'*association*; le rapport de l'individualité à la communauté, de la variété à l'unité, constitue l'*harmonie* ou l'*organisme*. La société nous offre donc, comme association générale de toutes les associations particulières fondées dans la nature humaine, une harmonie vivante, un organisme analogue à l'organisme du corps humain, où toutes les fonctions vitales se soutiennent, s'enchaînent et s'équilibrent mutuellement pour concourir à l'unité de la destination humaine.

Cet organisme ou cette harmonie sociale est certes encore loin d'être réalisée, mais il est cependant manifeste que la société marche insensiblement vers sa réalisation. La société suit les mêmes phases d'évolution que le corps humain. De même que dans celui-ci se développent d'abord, d'une manière prédominante, des systèmes particuliers, de même dans la vie de l'humanité se sont d'abord constitués les organes principaux et indispensables ; et de même encore que les diverses fonctions du corps humain ne manquent jamais, après leur développement varié et successif, d'aboutir à une harmonie qui signale l'âge de la virilité ou de la maturité, de même les diverses fonctions sociales doivent aussi atteindre l'unité et l'harmonie de leur développement, au troisième âge de la vie humanitaire qui se montre déjà dans les tendances de la société et surtout de la philosophie moderne. Ainsi, nous rencontrons dans les temps primitifs, les puissances morales, la religion unie avec la science, dominant sur toutes les autres. Dans l'Orient, c'est la religion qui a envahi tous les domaines de la science et de la vie. En Grèce et surtout à Rome se développe ensuite l'idée de l'État ou de la puissance politique. Le Christianisme, en distinguant l'homme du citoyen, a séparé l'État de l'Église, le pouvoir temporel du pouvoir spirituel. Après la cessation des spéculations et des disputes religieuses, les préoccupations matérielles ont donné un développement de plus en plus prépondérant à l'industrie et au commerce, de manière que cette puissance nouvelle, sans même être complétement constituée, fait déjà pencher la balance de son côté et décide presque en souveraine les principales questions sociales. Or, pour que cette puissance soit retenue comme les autres dans de justes limites, il faut que les puissances intellectuelles et morales s'organisent à leur tour. L'intelligence est, par la science, le levier qui doit faire marcher la vie sociale dans l'harmonie de la religion, de la justice, de l'art et de l'industrie, dans la route commune de la moralité. Ce n'est donc que du moment où la moralité et la science seront aussi socialement constituées, que l'humanité aura acquis la jouissance de toutes ses fonctions, de tous ses organes principaux ; c'est alors aussi que la vie sociale pourra se développer avec ordre, avec harmonie, en possédant, dans chaque organe, un contre-poids nécessaire propre à contre-balancer l'action des autres. La situation présente et l'ordre de développement des fonctions sociales conduisent ainsi à la constitution des puissances intellectuelles et morales, qui doivent, par leur action et par le fait de leur existence, établir l'unité et l'harmonie entre les diverses fonctions de la société.

Afin que cet ordre s'établisse, il faut que l'État fournisse les conditions du développement à toutes les sphères sociales, qu'il vienne

principalement en aide à celles qui sont en arrière, qu'il exerce la
tutelle aussi longtemps que l'exige l'état d'infériorité d'un ordre particulier, qu'il maintienne les conditions de coexistence entre toutes
les institutions, qu'il applique enfin dans toute son étendue, le principe du droit ou de la justice. Mais, pour remplir cette mission, l'État
doit aussi posséder les moyens de veiller à la conservation de l'ordre.
Or, ces moyens constituent les *pouvoirs politiques*. Les pouvoirs politiques sont au nombre de trois : le pouvoir *législatif*, le pouvoir *exé-*
cutif et le pouvoir *judiciaire*. Le pouvoir législatif est chargé de la
confection des lois. Librement choisi parmi les plus capables par tous
ceux qui présentent des garanties de moralité et de capacité, ce corps
doit se composer de représentants de tous les intérêts sociaux, de
toutes les sphères qui se partagent l'activité sociale. Le pouvoir exé-
cutif est chargé de faire exécuter les lois et de fournir à tous les corps
sociaux les conditions d'exercice et de développement. Le pouvoir
judiciaire, enfin, doit appliquer les lois, en cas de contestations, aux
circonstances particulières. Ces trois pouvoirs doivent être constitués
de telle sorte qu'ils soient liés entre eux et indépendants dans leur
sphère d'action. Ils doivent aussi s'étendre sur tous les degrés de
l'association, sur la famille, sur la commune, sur la province, de manière que tous les corps particuliers participent à l'exercice des pouvoirs politiques et qu'ils soient souverains dans la législation comme
dans l'administration, pour tout ce qui concerne leur organisation
intérieure. Mais ces divers pouvoirs pourraient abuser des moyens
ou des forces dont ils disposent et rompre l'équilibre social. Il faut
donc prendre encore des garanties contre eux. Il convient de placer
au-dessus de tous les pouvoirs politiques, un pouvoir d'un autre genre,
le *pouvoir inspectif* chargé de veiller à ce que tous les autres pouvoirs restent dans les limites de leurs attributions, n'empiètent pas les
uns sur les autres et que les fonctionnaires de tous les ordres de
l'administration remplissent leurs devoirs. Ce pouvoir inspectif ne
doit, d'après Fichte, exercer qu'une *action négative* ou prohibitive,
en surveillant l'action des autres pouvoirs.

La manière dont les pouvoirs politiques sont exercés dans la société
constitue la *forme du gouvernement*, qui varie, d'un côté, selon que
les différents pouvoirs sont plus ou moins confondus ou séparés, et
d'un autre côté, selon que le pouvoir souverain, le pouvoir législatif
est exercé par un, par plusieurs ou par tous les membres actifs de

l'État. Quand tous les pouvoirs sont exercés par un seul homme ou par un seul corps, il y a *despotisme;* quand tous les pouvoirs sont complétement séparés l'un de l'autre, il y a *anarchie;* ces deux états politiques ne sont pas, à vrai dire, des formes de gouvernement mais l'absence de tout véritable gouvernement. Les différentes formes de gouvernement résultent principalement des divers modes de constitution et d'exercice du pouvoir législatif. Sous ce rapport, la forme du gouvernement est ou *monarchique,* quand une personnalité est le seul arbitre dans la législation; ou *aristocratique,* quand un corps ou une classe d'hommes, privilégiée d'une manière quelconque, exerce le pouvoir souverain; ou *démocratique,* lorsque le peuple tout entier est appelé à la confection de la loi. Ces formes cependant se réalisent rarement d'une manière pure et sans mélange. L'histoire politique nous montre généralement une combinaison dans laquelle l'une ou l'autre de ces formes prédomine; c'est seulement dans les temps modernes qu'on a cherché à fixer dans le système constitutionnel les principes d'après lesquels ces formes devraient être combinées pour le bien général de la société. Mais, dans cette combinaison, il ne faut pas poursuivre un but chimérique, celui d'établir un parfait équilibre entre la monarchie, l'aristocratie et la démocratie. Ces éléments ne représentent pas des intérêts sociaux différents; ils ne se rapportent qu'aux différentes époques de la culture politique des peuples. La combinaison pour être juste, doit donc être telle qu'elle permette un agrandissement successif de l'élément démocratique, à mesure que la civilisation s'étend sur une plus grande partie de la nation (1).

Nous voyons ainsi que la théorie sociale de Krause ne néglige aucun élément essentiel de la nature humaine. Subordonnant les questions de pures formes politiques à la question plus vivace et plus profonde de l'organisation sociale, elle scrute profondément la nature humaine, modèle vivant de la société, et établit sur cette base la véritable doctrine d'harmonie sociale conforme à la doctrine métaphysique de l'humanité comme être d'harmonie de la création. Elle harmonise la destination humaine avec le milieu social dans lequel elle doit s'accomplir. Elle accueille et s'assimile toutes les tendances qui se sont produites dans l'histoire, d'après les lois du

(1) *Cours de Droit naturel et public* de M. Ahrens; *Grundwahrheiten der Wissenschaft,* XXII. *Abriss des systemes der Philosophie der Rechtes.*

développement de la vie; elle accepte simultanément la religion, la morale, les sciences, les arts; le droit, l'industrie et le commerce, et harmonise tous ces éléments entre eux dans l'unité sociale, non pas par un pur procédé éclectique, mais après avoir constaté leur source dans la nature humaine et divine, après en avoir développé les principes fondamentaux. Elle répond ainsi à tous les besoins de la nature humaine qui se sont déjà manifestés dans la réalité de la vie, à toutes les directions qui sont contenues dans l'essence éternelle de l'homme et de l'humanité.

Chacun des éléments de la nature humaine se forme successivement dans le développement de la société, comme un organisme spécial, en tendant à se constituer socialement. Dans l'époque de la formation, qui précède celle de l'harmonie, ces organismes se développent dans des proportions différentes. Les uns prédominent sur les autres, les attirent dans leur sphère d'action et absorbent toutes les forces sociales. Mais peu à peu les autres organes se forment sous la prédominance et la tutelle des organes déjà constitués et cherchent ensuite à conquérir leur indépendance. Cette évolution successive des divers éléments du corps social amène une époque où certains de ces éléments, constitués en pouvoirs souverains, sont en lutte entre eux et prétendent à la suprématie sur toutes les institutions sociales, jusqu'à ce que, de guerre lasse, on proclame la séparation absolue de toutes les branches de l'activité humaine. Mais le principe de la séparation complète n'est pas moins erroné que celui de l'absorption ou de la suprématie. Tous les éléments fondamentaux de la nature humaine ont la même source dans l'homme et en Dieu, et doivent, par conséquent, être associés ou harmonisés dans la société, comme ils sont associés dans l'homme; tous sont également importants et revêtus de la même dignité. L'État ou la société politique ne doit pas dominer sur l'Église ou la société religieuse, ni l'Église sur l'État; l'État et l'Église n'ont pas le droit d'absorber la fonction d'enseignement ou d'éducation et de se constituer comme autorité industrielle ou commerciale. Le but spécial de l'État est de veiller à ce que les institutions établies pour la religion, pour la morale, pour l'éducation et l'instruction, pour les sciences et les arts, pour l'industrie et le commerce, se maintiennent dans de justes rapports et trouvent les conditions d'existence et de développement interne (1).

(1) *Voir* sur les rapports plus approfondis de l'État avec les diverses insti-

Chacune de ces institutions sociales saisit l'homme sous une face spéciale ; aucune d'elles ne l'absorbe entièrement. D'après l'idéal du vrai perfectionnement de la nature humaine, chaque individu doit cultiver toutes les faces de son être spirituel et physique, non pas d'une manière égale mais d'une manière proportionelle, en plaçant le centre de son activité dans la culture de la branche à laquelle le destine sa vocation particulière. L'homme est alors, à des titres divers, membre de toutes les institutions, de toutes les sphères principales de la société.

Toutes les sphères sociales se trouvant entre elles dans des rapports de corrélation et d'indépendance, peuvent aussi prétendre à être régies par une autorité spéciale qui règle tout ce qui est de son ressort, mais qui relève aussi d'une autorité supérieure pour tout ce qui concerne ses rapports avec les autres sphères. C'est ainsi que l'industrie doit être organisée et régie d'après des principes qui lui sont propres ; mais cette organisation doit être en même temps conforme au principe de la justice sociale, elle doit être en accord avec les préceptes religieux, avec les lois de la morale et de l'éducation, si souvent méconnus dans les rapports des chefs et des travailleurs jeunes et adultes. C'est de cette manière qu'on organisera toutes les institutions dans l'organisme social ; et comme toutes ces institutions se rapportent à une face importante de la vie humaine, toutes sont appelées, dans l'époque de la maturité ou de l'harmonie, à constituer une unité supérieure, une sphère ou une autorité centrale, à laquelle toutes les sphères particulières sont liées par une représentation basée à la fois sur le principe de la spécialité, par rapport à ceux qui sont élus, et sur le principe de l'universalité, par rapport aux membres sociaux qui concourent à l'élection. Mais l'état d'équilibre n'existera que lorsque toutes les parties auront trouvé leur organisation proportionnée. Dans cet état d'harmonie, dernier terme du développement social, l'humanité apparaîtra comme une grande personnalité ; elle aura réuni tous les hommes dans des cercles toujours plus étendus de sociabilité ; et la vie humaine se montrera comme un système d'associations, dans lesquelles tous les membres se seront partagé, conformément à leur vocation particulière, toutes les fonctions qui constituent l'ensemble de la vie sociale.

tutions sociales la seconde édition du *Droit naturel* de M. Ahrens, p. 149, s., où se trouvent écartées toutes les objections qu'on pourrait faire contre une pareille organisation sociale.

III. JUGEMENT COMPARÉ.

Jetons maintenant un dernier coup d'œil sur le système de Krause, en le comparant aux systèmes au milieu desquels il s'est développé.

En saisissant le moi dans l'unité totale de son être, dans la variété de ses facultés ou de ses manifestations et dans l'harmonie de leur direction vers l'absolu, Krause a, le premier, déterminé, d'une manière complète et absolue, la nature de l'*être humain* considéré dans son organisme entier et dans les facultés subordonnées de la volonté, du sentiment et de la pensée ou de la connaissance. Il a établi la psychologie comme la *science organique* et harmonique du moi. L'idée de l'organisme est l'idée d'un tout, d'un être un et entier, doué d'une variété de facultés ou de pouvoirs qui sont à la fois indépendants, chacun dans sa sphère, et liés entre eux dans la vie totale de l'être. Cette conception nouvelle et supérieure, qui est propre au système de Krause, est d'une vérité absolue et d'une évidente nécessité historique. Les systèmes antérieurs n'avaient déterminé que les facultés particulières, les fonctions isolées de la vie spirituelle. L'esprit humain avait été tour à tour reconnu comme un être pensant, comme un être volontaire et comme un être sensible par la philosophie et la religion, mais jamais on n'avait saisi le véritable enchaînement organique de ces facultés, leur indépendance ou leur essence propre, leur coordination réciproque et simultanée et leur subordination à l'être ou à l'organisme entier de l'esprit. De même dans l'organisme de la connaissance, jamais encore on n'avait déterminé la connaissance complète et organique de l'être comme renfermant en soi toutes les connaissances subordonnées, bien qu'on eût établi l'opposition de la connaissance sensible et de la connaissance non-sensible et qu'on eût tenté dans les derniers temps, de saisir la connaissance sur-essentielle et absolue. Il était donc nécessaire de s'élever à ce point de vue nouveau et de sanctionner ainsi tout le développement intellectuel antérieur, en le complétant par un principe supérieur, plus vaste et plus conforme à la réalité. — Or, cette idée de l'organisme, qui domine toute la partie analytique du système de Krause et que nous avons particulièrement développée dans la théorie de la connaissance, se montre à un degré plus élevé encore dans la partie synthétique, et se reproduit, comme *principe organisateur* pour la vie humaine, dans toutes les conséquences de sa doctrine. Et comme ces deux parties sont elles-mêmes organiquement

par Fichte, par Schelling et par Hegel, et qui, n'ayant pas été saisis dans leur ordre et dans leur enchaînement organique et systématique, étaient demeurés de pures hypothèses. Ce qui, chez ces philosophes, apparaît comme des éclairs de génie, apparaît chez Krause, dans la lumière de la certitude.

Ainsi, quant au système de *Kant*, la méthode de Krause, dégagée de toute supposition, est réellement ce que Kant voulait qu'elle fût ; et sa doctrine est réellement la doctrine organique complète que Kant se proposait d'élever sur la base du moi. Mais, tandis que Kant, au terme de ses recherches, rencontre le scepticisme, sous une forme spéculative et rationaliste, Krause, toujours d'accord avec la conscience vulgaire, saisit avec une pleine certitude les vérités transcendantes de la métaphysique. — Le doute spéculatif de Kant procède des trois sources de connaissances qu'il a reconnues, des formes de la sensibilité, de l'entendement et de la raison pure. Or Krause démontre qu'en effet le *temps* et l'*espace* sont des formes et non pas des êtres ; mais, au lieu de les considérer uniquement comme des formes subjectives de la sensibilité, il établit, dans la métaphysique, qu'ils sont aussi des formes réelles et objectives, qu'ils sont les formes de succession et de coexistence de tout être fini, soumis aux lois générales du développement, et il se garde, de cette manière, d'ouvrir la route à l'idéalisme sceptique; il démontre de plus que le moi, qui, comme être fini, vit dans le temps et dans l'espace, existe aussi, dans son principe éternel, *au-dessus de l'espace et du temps*, vérité qu'on avait entrevue depuis Kant, mais dont personne encore n'avait déterminé la réalité et le comment. En précisant ensuite, d'une manière rigoureuse, la part du moi dans la formation de toute connaissance, Krause arrive à la conception des *catégories*, qui ne sont pas, pour lui, des notions personnelles, subjectives, inhérentes à la réflexion, des formes de l'entendement, sans application réelle au dehors, mais des idées éternelles, immuables, nécessaires, impersonnelles, les principes et les lois de la raison et de toute réalité ; il ne commet pas la faute de faire dériver les catégories des jugements, au lieu de baser les jugements sur les catégories. Il arrive, enfin, avec Kant, à la conception de Dieu, comme *idéal* absolu de la raison ; mais, loin de contester la possibilité d'établir rationnellement la certitude de l'existence de Dieu, il le conçoit, par l'application rigoureuse de la catégorie de la raison et de la causalité, comme l'Être de toute réalité,

comme la substance même de la raison, comme l'Être nécessaire
dont l'existence est déjà impliquée dans la question même de son existence.

Quant au système de *Fichte*, Krause prend également son point de
départ dans le moi, mais sans soutenir d'avance que le moi est tout
le domaine et le principe même, le principe absolu de la philosophie.
Il observe le moi dans la conscience, mais il ne construit pas la conscience par une opposition du moi et du non-moi; il prouve, au contraire, que l'existence du moi, en tant que moi, est la condition
préliminaire indispensable à l'aperception du non-moi, que l'intuition
propre du moi est immédiate et absolue, en ce sens qu'elle n'exige
aucune condition extérieure. Il ne pose donc pas le monde extérieur
comme une condition de la conscience propre du moi; il le développe
successivement comme étant une vie réelle en dehors du moi, indépendante du moi, et, par conséquent, distincte de l'être spirituel.
Fichte avait encore reconnu qu'il existe dans le moi une région supérieure au temps et à l'activité, et il était arrivé, par cette conception,
à l'idée d'un moi supérieur et absolu, qu'il confondit plus tard avec
Dieu. Krause, tout en admettant cette existence supérieure du moi,
ne l'identifie pas à l'existence divine; il démontre qu'elle se manifeste
dans le moi individuel, indépendamment de la connaissance qu'il
possède de Dieu, et, sans nier que la Divinité soit la raison absolue de
toutes les modalités déterminées de l'existence, il prouve que le moi
individuel se reconnaît aussi exister comme personnalité au-dessus du
temps et de l'activité.

Mais le système de Krause ne s'arrête pas, comme ceux de Kant et
de Fichte, à la partie critique, analytique ou subjective de la philosophie, il s'élève aussi, avec Schelling et Hegel, à la conception de
Dieu ou de l'absolu, dans la partie synthétique; il harmonise ces deux
parties entre elles et construit ainsi l'harmonisme ou l'organisme
absolu de la philosophie. Mais, tandis que Schelling et Hegel saisissent le principe absolu, d'une manière imprévue, sans préparation
analytique, et fondent ainsi toute la science sur une hypothèse première, Krause ne s'élève à la notion de Dieu que d'une manière successive, après un long travail préparatoire; il reconnaît, à la vérité,
que Dieu, par cela seul qu'il est le principe et la raison de toute
démonstration, ne peut être saisi sous une forme démonstrative, c'est-
à-dire, qu'il doit être saisi par une vue immédiate, par une intuition

directe qui ne permet auoun intermédiaire entre l'esprit et Dieu ; mais il veut en même temps que cette intuition directe soit préparée par tout le travail analytique de la science, que l'esprit soit méthodiquement conduit jusqu'à un point où il lui soit impossible de ne pas saisir Dieu dans la plénitude infinie et absolue de son être ; il veut, en un mot, aider l'esprit à franchir avec assurance l'abîme qui sépare Dieu, en tant qu'Être suprême, de la raison des choses, c'est-à-dire, préparer l'esprit à concevoir Dieu immédiatement comme étant encore au-dessus de toute raison, parce que son être même est la raison de la raison. L'argumentation de Krause pour établir l'existence de Dieu est donc à la fois démonstrative, si l'on tient compte de la préparation analytique qui l'étaie et de la certitude absolue qu'elle entraîne, et hypothétique, si l'on a égard à cette vérité incontestable qu'il est impossible d'établir l'existence de Dieu par une démonstration logique, et qu'il faut, par conséquent, la saisir par une intuition immédiate et absolue ; en d'autres termes, l'argumentation de Krause harmonise les deux formes de preuves qui, jusqu'à ce jour, ont été tour à tour employées pour établir l'existence de Dieu (1).

Maintenant, quant à la doctrine même de Dieu, Krause admet, avec *Schelling*, que Dieu est aussi Esprit et Nature, que l'Esprit et la Nature coexistent parallèlement entre eux et se manifestent à des puissances diverses dans les divers ordres des êtres ; mais, d'une part, il n'absorbe pas l'être de Dieu dans l'univers, dans le monde physique et spirituel ; il établit l'existence de Dieu comme Être suprême, c'est-à-dire, comme étant aussi au-dessus et, par conséquent, en dehors de l'univers, comme étant la raison une et absolue de l'existence et de l'harmonie des deux sphères parallèles qui constituent le monde ; et, d'une autre part, il détermine spécialement la position de l'humanité dans l'échelle des êtres ; il la considère comme constituant, dans l'ordre fini des choses, l'union la plus intime et la plus parfaite harmonie de l'Esprit et de la Nature, et, par conséquent, comme étant faite à l'image de Dieu et destinée à s'unir à Dieu dans la plénitude de son être, dans l'harmonie de ses facultés. Schelling lui-même, dans la dernière transformation de son système, est revenu de la doctrine de

(1) *Voir* le *Cours de Philosophie* de M. Ahrens, leçon 11ᵉ ; M. Bouchitté, *Histoire des preuves de l'existence de Dieu*, mémoire inséré dans les *Annales de l'Académie des sciences morales et politiques.*

l'identité absolue de Dieu et de l'univers et a cherché à concevoir Dieu comme étant au-dessus de l'univers, au-dessus de tout être et de toute essence ; mais cette conception nouvelle n'a pas été déterminée avec rigueur et justesse. Autant Schelling avait enchaîné l'existence divine à l'existence universelle, autant il cherche maintenant à dégager Dieu de toute raison d'être, de toute loi absolue, de tout principe immuable, éternel, nécessaire. Or Krause avait depuis longtemps démontré que Dieu, tout en étant libre et seul véritablement et absolument libre, par cela seul qu'il est l'Être suprême qui réalise à chaque moment de la durée les lois éternelles de sa nature, est aussi au-dessus de l'arbitraire, qu'il agit selon ce qu'il est, selon sa raison immuable et absolue, et que sa liberté, loin de résider dans un aveugle caprice, est éternellement d'accord avec la nécessité de la manifestation de son essence infinie. Et sous ce rapport encore la doctrine de Krause présente l'harmonie de ces deux conceptions opposées établies sur la nature divine par Schelling lui-même : elle établit, d'une part, que Dieu n'est pas soumis aux lois du monde, parce qu'il est lui-même la raison et le principe déterminant de ces lois, et que, d'une autre part, Dieu n'agit pas d'une manière aveugle et arbitraire, parce qu'il veut son être, qui est nécessairement conforme aux lois absolues et immuables du bien, du beau, du vrai, du juste.

Comme *Hegel*, et même avant lui, Krause a encore senti la nécessité de réformer la méthode et la logique et de les envisager, non plus sous un point de vue purement subjectif, mais sous un point de vue ontologique et absolu, afin qu'elles puissent légitimement sortir de la sphère du moi et reconnaître, avec certitude, les divers ordres de l'univers et l'Être même qui préside à la vie universelle. Mais Hegel n'avait réalisé ce projet qu'en partie : d'une part, il avait laissé subsister tout l'appareil d'une terminologie qui, créée pour d'autres conceptions, ne pouvait qu'embarrasser les esprits dans les nouvelles régions où ils allaient s'engager ; et d'une autre part, il avait manqué son but dès le premier pas, en fondant son système sur une idée qui a besoin de se développer et de se compléter et qui n'est en elle-même qu'une pure abstraction de l'intelligence (Seyn). Krause, au contraire, a accompli sa tâche dans toute sa plénitude : il a réformé la langue philosophique et l'a mise en harmonie avec les idées nouvelles qu'elle devait exprimer, et il a fait reposer ensuite tout le système des idées et des catégories qui élèvent l'esprit à la conception des êtres et des réalités transcendantes sur la réalité la plus immédiate, la plus universelle et la plus absolue, sur l'idée de l'être parfait en lui-même (Wesen), subsistant dans son unité absolue en soi et pour soi. La catégorie de l'être, il est vrai, n'est pas encore, comme telle, identique à la catégorie de l'existence, mais elle en est l'essence ou le fond qui, en se combinant avec une forme, un comment, c'est-à-dire, en se posant de quelque manière, atteint par cela même l'existence et la réalité. Les trois catégories fondamentales de l'être ou de l'essence, du comment ou de la positivité, et de l'existence, forment ainsi un organisme indestructible dont chacun des termes implique les deux autres et qu'il faut saisir dans son unité totale pour le saisir dans sa vérité. Ce n'est pas sous ce caractère organique supérieur que se présentent les idées absolues ou les catégories de Hegel. Hegel conçoit l'Être ou Dieu, comme existant d'abord, d'une manière abstraite, en soi, puis comme se manifestant en dehors de soi, dans la nature, et comme retournant à soi, comme existant pour soi, dans l'esprit. D'où il suit que Dieu se développe dans l'univers et qu'il a besoin de se développer pour arriver à la conscience de lui-même, puisque les termes de ces développements de Dieu sont la nature et l'esprit, conçus sous la catégorie de l'extériorité et de l'intériorité, sous une forme de succession et non de parallélisme, et que l'esprit, enfin, naît ou procède de la nature. Il va sans dire que Hegel ne s'arrête pas à justifier cette formule, sur laquelle repose cependant toute sa philosophie, ni à faire comprendre comment l'esprit procède de la nature. Krause maintient, au contraire, la distinction et le parallélisme établis par Schelling entre la Nature et l'Esprit, et conçoit cette distinction sous la raison des catégories de la totalité ou de l'infini et de la séité ou de l'absolu, sous les lois de la nécessité et de la liberté. La conception de Krause est la conception de l'organisme absolu de l'Être ou de Dieu, dans lequel sont, vivent et se meuvent tous les êtres individuels qui peuplent l'univers dans l'infinité du temps et de l'espace, organisme absolu dont toutes les parties sont pénétrées de la même essence divine, dont tous les membres vivants sont enchaînés entre eux par des liens indestructibles, de telle sorte que tous sont en Dieu, et que Dieu est en tous, et où cependant toutes choses sont encore distinctes et vivent aussi d'une vie propre et individuelle. C'est surtout par cette conception des rapports qui existent entre Dieu et l'univers ou les êtres finis, que Krause harmonise les doctrines opposées du dualisme et du panthéisme et qu'il s'élève à l'harmonie absolue de l'unité et de la variété des choses, c'est-à-dire, à l'harmonie des principes sur lesquels se fondent ces deux doctrines. En effet, sans tomber, avec Hegel et les plus éminents des philosophes antérieurs, dans les erreurs du panthéisme, il maintient l'unité absolue de l'Être ou de Dieu, il la développe et la complète encore; mais en même temps, il fait sortir du sein de cette unité le principe absolu de la variété ou de l'opposition, parce que Dieu se pose et se manifeste éternellement, sous la raison des catégories opposées de la séité ou de la totalité, dans l'Esprit et dans la Nature et, par conséquent, dans l'infinie variété des êtres finis qui remplissent l'univers.

Mais la doctrine de Krause ne présente pas seulement l'harmonie du développement philosophique antérieur, elle présente encore, à un point de vue plus élevé, l'harmonie de la philosophie et de la religion, de l'intelligence et du sentiment, de la science et de la vie. Elle n'est pas une pure spéculation, comme les philosophies précédentes; elle est, avant tout, une nouvelle source de vie pour l'humanité, une nouvelle greffe dans l'existence humanitaire. Elle ne s'adresse pas uniquement à l'intelligence, elle s'adresse à l'homme tout entier, dans l'harmonie de l'intelligence, du sentiment et de la volonté. Mais, en même temps qu'elle est une nouvelle source de vie, et qu'elle contient de nouveaux principes organisateurs pour toute la vie de l'homme et de l'humanité, elle est aussi une science, un organisme de vérités, et l'organisme le plus vaste et le plus complet qui ait jamais été conçu. En un mot, elle harmonise, comme nous le disions, la science et la vie, ces deux puissances qui avaient été spécialement développées par la philosophie et par la religion et que la religion et la philosophie n'avaient encore pu unir et harmoniser d'une manière complète et durable.

C'est par cette raison aussi que la doctrine de Krause est destinée à être adoptée universellement, en se prêtant toutefois au génie propre et individuel de chaque peuple. Elle n'est plus, comme les systèmes antérieurs, inspirée par le caractère national, elle s'élève au-dessus de tout esprit d'individualisme et convient à toutes les nations. Quand on compare, sous ce rapport, la philosophie de Krause avec la philosophie de Schelling et avec celle de Hegel, on demeure surpris de voir que celles-ci, tout en étant connues dans leurs contours généraux, n'aient pu encore se faire adopter au dehors de l'Allemagne et semblent destinées à mourir à leur berceau, tandis que la doctrine de Krause, qui est venue après elles, compte déjà de nombreux partisans non-seulement en Allemagne, mais en Belgique, en France, en Hollande, en Suisse, en Italie, en Espagne et en Amérique (1).

Ce caractère universel et cosmopolite de la doctrine de Krause et la facilité de sa propagation nous sont un sûr garant qu'elle répond à un besoin réel de l'homme et de l'humanité. Elle a compris la nature humaine dans toute la plénitude de son activité intellectuelle et physique; elle est destinée à transformer tout l'intérieur de l'homme, conformément à l'idéal de sa nature, et c'est surtout de cette transformation intime et morale qu'elle attend le salut de la société. Il ne faut espérer le salut de l'état actuel, dit un disciple de Krause (2), ni uniquement ni avant tout, des moyens *extérieurs* ou des directions isolées dans lesquelles s'engagent aujourd'hui la plupart des esprits mus par les idées et le désir du progrès. Les uns attendent tout de l'établissement ou du perfectionnement des institutions libérales des peuples; les autres, d'une meilleure organisation du droit de propriété et d'un plus juste rapport entre la propriété individuelle et la propriété commune ou sociale. Ceux-ci placent toutes les conditions du progrès dans l'amélioration matérielle de la vie, dans l'industrie et le commerce, tandis que ceux-là n'espèrent que dans les moyens employés pour ramener l'esprit religieux et notamment pour restaurer le Christianisme. D'autres encore tendent à bien fixer les rapports entre l'État et l'Église; d'autres, enfin, dirigent leurs efforts vers l'enseignement et l'éducation et surtout vers l'instruction populaire. Mais

(1) Les personnes qui restent en dehors du mouvement philosophique croiraient difficilement à une propagation si rapide et si universelle, si nous ne citions pas quelques faits à l'appui de ce que nous avançons. Or il est à notre connaissance que la doctrine de Krause est professée dans un grand nombre d'universités des pays que nous venons de nommer; et, ce qui est plus remarquable, le *Droit naturel et public* de M. Ahrens, c'est-à-dire, la branche où se manifestent particulièrement le caractère organisateur, l'esprit de mouvement et de vie qui caractérise toute la philosophie de Krause, a été traduit, dès les premières années de son apparition, en italien et en espagnol, et les premières éditions ont été rapidement épuisées.

(2) M. de Leonhardi, dans sa Préface à la *Philosophie de l'histoire*, ouvrage posthume de Krause, p. 24, s.

quelque importants, quelque salutaires que puissent être ces divers
moyens pour l'amélioration de la vie humaine, il s'agit, avant tout,
de saisir *l'homme entier,* dans toutes les faces et dans toutes les puissances de son être, et d'éveiller dans la conscience l'idée et l'*idéal de
l'humanité,* c'est-à-dire, d'un tout organique dans lequel tous les
hommes particuliers, toutes les associations et tous les peuples sont
réunis comme un seul homme ; il s'agit, avant tout, de réformer l'intérieur de l'homme, de parler à son intelligence, à son cœur, à sa volonté, de lui inspirer une ferme conviction, en lui enseignant sa
nature, ses rapports avec ses semblables, avec Dieu, avec tous les
ordres des choses, sa destination sur la terre, et en lui faisant comprendre que son premier devoir est de conformer sa vie à l'idéal de
l'humanité et de travailler à la réalisation de sa destinée individuelle
et sociale.

Toute réforme durable et efficace doit jeter ses racines dans la
nature humaine ; loin d'être une pure destruction, elle doit donner
un fonds positif de vérités théoriques. Et comme le vrai réformateur
ne vient pas pour abolir la loi, mais pour l'accomplir et la parfaire,
le système de Krause maintient, en les animant d'un esprit nouveau,
toutes les grandes institutions qui ont été les colonnes de la société.
Il est le couronnement de tout le développement social de l'humanité. Ce n'est pas lui qui attaquera le mariage et la famille : il sait
que ce domaine de la vie intime est le sanctuaire dans lequel se con-
çoivent et se développent, dans leur première application, les pensées
et les sentiments d'assistance, de sympathie et d'amour réciproque.
Ce n'est pas lui qui prêchera une émancipation de la matière ou de la
chair, comme l'ont entendu ceux qui s'imaginaient opposer au spiritualisme chrétien le matérialisme payen. S'il relève la Nature de la
déchéance dont l'a frappée un faux spiritualisme, c'est pour commander à l'homme de l'aimer et de la respecter, de se réjouir de la
beauté qui éclate dans tous ses ordres, d'y reconnaître l'essence et
l'intelligence organisatrice de Dieu, et par conséquent de purifier tous
ses rapports avec elle, en la considérant comme un temple dans
lequel la Divinité veut être vénérée. S'il y a une émancipation de la
chair que notre époque doive poursuivre, c'est celle qui affranchit le
corps des nouveaux serfs de l'industrie de travaux où ils ne trouvent
que la ruine de leur santé, sans même pouvoir s'élever au-dessus de
la misère, source de l'abrutissement et de tous les désordres. Ce n'est

pas Krause, enfin, qui considérera la religion comme appartenant à
une phase inférieure de la culture spirituelle et comme devant s'éclip-
ser à la lumière de la philosophie : il a trop profondément conçu les
rapports intimes qui existent entre Dieu et l'homme pour refuser à
l'humanité un avenir religieux, et il sait que les grandes promesses
du Christ attendent encore leur accomplissement.

Mais le système de Krause insiste sur la nécessité d'unir tous les
efforts individuels, toutes les tendances et toutes les directions particulières dans l'idée commune de l'humanité, de former des associations dans le but de perfectionner l'homme dans la plénitude de son
être, dans ses rapports religieux, moraux, scientifiques, artistiques,
industriels et politiques, d'organiser toutes les sphères sociales en vue
les unes des autres, de telle sorte qu'elles puissent se développer en
harmonie et se servir mutuellement de contre-poids et de condition
de progrès. Pour qu'une vie nouvelle pénètre dans la société humaine,
il faut que la vie ne soit plus représentée sous des faces exclusives,
mais qu'elle soit conçue et pratiquée dans sa plénitude; il faut que
les hommes sortent de leur isolement et s'associent pour la vie entière,
qu'ils s'affermissent d'abord dans les principes de régénération au
sein de l'amitié et de la famille, et cherchent ensuite à les répandre
dans des cercles de plus en plus étendus de la vie sociale. Organiser
tous les éléments, toutes les faces et toutes les fonctions de l'homme
et de la société, d'après le principe de l'harmonie, qui assure à chaque partie son indépendance relative dans l'unité supérieure, telle est
donc la formule de la théorie sociale de Krause, et cette formule
résume toute la destination sociale de l'homme et de l'humanité. Qui-
conque l'a comprise dans sa raison et sanctionnée dans sa conscience,
doit se dévouer à sa réalisation, afin que la théorie se transforme en
pratique et que l'idéal devienne un fait. Il reste, sans doute, bien
des obstacles à vaincre, bien des progrès à réaliser, mais l'homme religieux puisera sa force dans la conviction qu'il marche avec Dieu et
que l'humanité, guidée par la Providence, saura accomplir toutes les
lois de sa destinée.

FIN.